现代篮球运动技术原理
分析与教学实施

赵秀强◎著

电子科技大学出版社

图书在版编目(CIP)数据

现代篮球运动技术原理分析与教学实施 / 赵秀强著
.—成都：电子科技大学出版社，2018.1

ISBN 978 - 7 - 5647 - 5420 - 4

Ⅰ．①现… Ⅱ．①赵… Ⅲ．①篮球运动—体育教学—
教学研究—高等学校 Ⅳ．①G841.2

中国版本图书馆 CIP 数据核字(2017)第 298108 号

现代篮球运动技术原理分析与教学实施
赵秀强　著

策划编辑　卢　莉

责任编辑　卢　莉

出版发行　电子科技大学出版社
　　　　　成都市一环路东一段 159 号电子信息产业大厦九楼　邮编 610051
主　　页　www. uestcp. com. cn
服务电话　028 - 83203399
邮购电话　028 - 83201495

印　　刷　四川永先数码印刷有限公司
成品尺寸　185mm×260mm
印　　张　12
字　　数　215 千字
版　　次　2018 年 1 月第一版
印　　次　2022 年 9 月第一次印刷
书　　号　ISBN 978 - 7 - 5647 - 5420 - 4
定　　价　78.00 元

前　言

　　篮球是世界上开展得最广泛的运动项目之一，也是爱好者乐于观赏和参与的体育活动。在体育院校，篮球是体育教育专业、运动训练专业的重要课程。为适应篮球运动飞速发展的时代需要，丰富篮球运动研究，作者撰写了这本专著。本书着眼于新时期篮球教学与训练发展的实际需要，基于近年来各类丰富的篮球著作出版成果，以及不断涌现的先进理论与实践内容，试图从理论、方法与实践上寻求突破，以丰富和完善篮球运动技术方面的研究。

　　为使著作全面、新颖、实用，作者在内容选择上突出了科学性与先进性。全书分为七章，分别探讨了现代篮球运动发展研究、现代篮球运动技术战术结构原理、现代篮球竞赛规则与裁判法、高校篮球运动教学开展的基本理论、篮球教学与教材、高校篮球教学的考核与评价研究以及高校篮球教学的医务卫生知识。在撰写过程中，作者始终把握两个大方向：其一，体现时代特色，引入篮球运动发展最新的理论与方法：其二，突破学科、专业等实践因素的局限，在理论、方法和实践三个层面构建较为全面、系统的篮球教学、训练的内容体系。

　　本书更加注重学生创新精神与实践能力培养方面的研究，书中所涉及内容紧跟学校体育教育改革的步伐。笔者紧密围绕培养目标，结合高校体育专业教学实际，较全面系统地论述了篮球运动的固有规律、技术原理及创新能力的培养等。在此基础上，作者凭借多年的工作经验，添加和补充了新的篮球理念，充实了现代篮球运动的新概念，增强了篮球运动的先进性和科学性，旨在为广大体育研究生及体育工作者提供参考。

在撰写过程中，作者学习、参考、引用了国内外不少学者的著作和论文，在此，向他们表示深深的敬意。由于时间紧迫，书稿中难免会存在诸多不足，期盼读者和同仁们的批评指正。

作　者

2017 年 10 月

目 录

第一章　现代篮球运动发展研究

篮球运动是世界各国广泛开展的一项运动，在我国同样拥有广泛的群众基础，大学生是参与篮球运动的主要群体之一。科学开展篮球运动教学，不仅有利于篮球运动者身心全面发展，也有利于体育教学目标的顺利实现。本章对篮球运动的起源与发展、我国高校篮球运动教学的发展与现状分析、篮球运动教学的发展趋势进行阐述和分析。

第一节　篮球运动的起源与发展

一、篮球运动的起源

篮球运动的起源地是美国，美国基督教青年会创办的学校是篮球运动的摇篮。很多国家的体育运动发展均受到了篮球运动发展的影响。1885 年，波士顿青年会在马萨诸塞州的斯普林菲尔德学院设立体育部，成人培训班的体育课教师由詹姆斯·奈史密斯博士担任。基督教青年会更加注重培养兴趣爱好，同时还联系了青年特征展开以宗教为主要内容的德、智、体教育。在这种思想的基础上，詹姆斯·奈史密斯博士考虑到绝大部分学生在大学均有过运动经历且冬季开展室外活动难度较大的情况，开始思考设计出一项在冬季可以开展室内比赛的项目，可以在该项目中找出现代篮球运动的雏形。

为了使新项目实现理想效果，联系那一阶段的实际情况，奈史密斯博士设计运动时必须达到以下三点要求：第一，要让人们彻底消除对部分运动项目的恐惧，设计出的体育运动一定要是"文明"的，坚决抵制粗野行为；第二，要避免季节和气候对体育项目的限制，最新设计的体育项目应当不再受这两项因素的影响，在室内以及晚上均可以开展；第三，詹姆斯·奈史密斯博士认为要从根本上改变以往采用的枯燥训练手段。不同年龄阶段的人以及不同性别的人都能够参与到新设计的运动项目中，特别是要充分激起年轻人参与其中的积极性。联系以上三方面的要求，1891 年 12 月奈史密斯博士从儿童与工人用球朝桃篮内做投准游戏，和自己小时候在阿尔蒙特常常用石头朝高处岩石的石块做抛掷动作的游戏中获得启迪，同时还全面综合了橄榄球、曲棍球、足球等多方面特征，设计出将投掷准确性程度作为计分标准和输赢标准的新型游戏。在反复思考和设计之后，奈史密斯博士还将投掷目标设定为呈水平状态置于高处，故而他把两个上宽下细的桃篮钉在体育馆两边看台的柱子上，进而确定出投掷目标。3.048 米是桃篮和地面的距离，即当前篮圈距离地面高度是 3.05 米。这就是现代篮球运动的起源。

二、篮球运动的发展

现代篮球运动的发展，从总体上讲，共经历了以下四个阶段。

（一）初创时期

19 世纪末到 20 世纪 30 年代这一时期，篮球运动由学校走向社会，并走向全世界。篮球运动在创造出的最初两年，并没有明确的人数、场地限制与游戏规则。直至 1982 年，奈史密斯编写了《青年会篮球规则》，此时，篮球运动有了最初的规则。

（二）完善时期

20 世纪 30 年代到 50 年代这一时期，篮球运动得到了迅速发展，此时就需要一个国际性的权威机构来协调各国一同举办篮球运动，在这种背景下，国际业余篮球联合会宣告成立。1936 年，篮球运动列入奥运正式比赛项目，自此，现代竞技篮球运动正式诞生。除此之外，在这一时期，篮球运动的规则与设备也有了进一步的完善。

（三）普及提高时期

20 世纪 50 年代到 90 年代，在篮球技战术创新性发展的影响下，篮球运动开始在全球范围内普及，并开始试行男女世界篮球锦标赛，而且篮球竞赛规则也进行了多次调整。另外，在这一阶段篮球运动员体形"高大化"成了一种时尚，甚至出现了"得高大中锋者得篮球天下"的说法。

（四）飞速发展时期

20 世纪 90 年代至今，现代篮球运动在这一时期有了飞跃、快速的发展，职业篮球运动员从 1992 年开始可以参加奥运会、世界篮球竞标赛等国际篮球比赛。职业篮球则变得更加商业化、个性化、产业化，并且更具观赏性与人文性。与此同时，这一时期的篮球规则在诸多方面也有了新的调整，比如，场地区域、攻守战术、比赛速度等。

第二节　篮球运动的特征及其作用

一、篮球运动的特征

（一）集体性

在篮球运动中，只有通过队员之间集体协同配合，才能够出色地完成技、战术行动。球员所做动作，都是需要两人以上的协同配合才能够实现，因此，球队必须要重视全队行动的协调一致性，与此同时，还要注意调动每一位球员的积极性。总而言之，只有集合全队的技能与智慧，发挥出团队的精神，才能够获得理想的成绩，而这也是篮球运动集体性的表现。

（二）对抗性

作为一项直接发生身体接触的对抗性运动，篮球的基本特征与规律就是攻守的强对抗。而这种对抗表现在诸多方面，比如，无球队员之间的对抗、争夺篮板球之间的对抗、双方球员意志品质的对抗等。通过对抗能够培养人的竞争意识与能力，而这也是现代素质教育的一个重要组成部分。

（三）综合性

篮球运动的技术动作非常多，而且在比赛中应用的技术都是以组合形式呈现的，加之比赛情况的复杂不定，导致技术组合具有无确定性、随机性与多样性的特征。除此之外，篮球运动作为一门交叉的边缘性学科，所涉及的学科包括教育学、竞技学、社会学、管理学等，因此，对教练员的科学化的训练、教学以及高水平的指挥管理都提出了更高的要求。上述这些都说明篮球运动是一项综合性的体育运动。

（四）变化性

篮球是一种攻守快速转换的运动，且转换都发生在一瞬间，从而使得比赛自始至终处于快节奏中，让观众处于专注、紧张的状态，充分体现了篮球的独特魅力。另外，由于赛场情况变化多端，因而，如果球员采用固定不变的打法无法取得比赛的胜利，所以需要球员具有善于根据场上情况随机应变的能力。上述这些特点充分地体现了篮球运动的变化性。

（五）多元性

发展到今天，篮球运动已经成为一门具有较强交叉性的学科课程，并且其在运动方面的知识也开始向多元化方向发展。因此，要求球员与球队必须具备特殊的个性气质、生理机能、心理品质、身体形态条件、运动意识、道德作风，以及团队精神、身体素质、专项技战术配合方法体系、实战能力等，这体现了篮球运动的多元性。

二、篮球运动的作用

（一）生理健身功能

1. 提高人体的生理机能

首先，由于篮球运动要求球员练习力量的抗衡、突然与连续起跳、敏捷的反应与快速奔跑，因而，能够使机体各部分肌肉结实且发展均称；其次，篮球运动作为一种高强度的对抗性运动，能够促进人体的新陈代谢，提高机体的代谢率，从而使各器官（血管、心脏等）的功能增强，并从根本上使人的体质以及抵抗力增强；最后，由于篮球比赛中所发生的情况具有极大的不确定性，因此，需要球员掌握各种协调的技术动作，与此同时，还需要他们具备随机应变的能力，所以经常参加篮球运动，能够提高各感觉器官，尤其是视觉感受器官的功能。另外，对促进动作精细化、提高分配与集中能力也很有帮助，而且对心脏时间、空间与定向能力也有良好的效果。

2. 提高练习者的身体素质

因为篮球运动所具有的特点，导致球员必须具备良好的动作速度、耐力、反应速度与柔韧等素质。另外，因为篮球运动是在快速奔跑中进行的，所以球员在跳跃、转身跨步、起动等动作中锻炼了各关节的韧带与肌肉，而这对提高柔韧素质有利。

（二）心理保健功能

长期参加篮球运动的人，其个性与心理都会朝着更为健康、积极的方向发展。

1. 锻炼顽强的意志

水平接近、争夺激烈，是现代篮球强队比赛的特点。由于双方球员均处于直接对抗的状况下，因此，他们除了要具备优良的身体素质与技战术素质，更重要的是应具备坚强的意志品质。想要获得比赛胜利，球员必须在对抗当中克服各种困难，而克服困难的过程就是锻炼其意志品质的过程。有时，顽强的意志品质对比赛的最终胜利具有决定性的作用。

2. 创造良好情绪体验

现代篮球运动具有观赏性与趣味性。通过篮球运动的锻炼，首先，能够调节情绪、振奋精神、增进快乐，从而使人变得更加自信、自尊、自强，而且还对神经衰弱等精神疾病患者有一定的治疗与改善作用；其次，能够使队友之间的感情变得更加紧密，交流变得更加频繁，这对一些不愿与人交往、郁郁寡欢或者时冷时热的人来讲，不仅能够改善他们的人际关系，还能够使他们了解、认识到自己的价值；最后，还能够使球员在比赛胜利之后体会到成就感，并使他们产生振奋、愉悦的幸福感。

3. 塑造健全人格

篮球运动，从微观上讲，是群体中个体之间的技巧智能与身体冲击的直接对抗；从宏观上讲，则是群体的竞争。如果想要取得篮球比赛的胜利，就需要球员个性鲜明，敢于冒险、创新，并善于抓住时机与做出正确的观察判断，由此可知，篮球比赛是实现人个性自由发展的有效途径。另外，篮球运动还能够培养球员相互支持与团结一致的意识。

（三）社会功能

1. 影响社会规范

所有参加篮球比赛的人，都必须要在比赛制约下活动，而贯串比赛的体育道德精神对人的行为规范具有启蒙教育的作用，进而使人们获得对现代社会生活方式的演练与模拟，并且对人们形成文明、健康的社会行为习惯有帮助。

人性中存在着攻击性，而篮球运动能够使人的这种本性得到释放，与此同时，还能够在体育规则与道德精神的约束下，使人们能够在公平合理的条件中进行攻防对抗，并且让人们依靠智慧与技巧取胜，而不是通过不礼貌、不道德、粗野的动作来获得胜利。从深层次的意义讲，篮球运动还具有文化约束力，比如，礼仪、道德、伦理、法律以及信仰。

2. 影响练习者的情商

篮球运动的统一性、对抗性与集体性规律显著，因此，在比赛过程当中，球员必须具备决断力，并能够做出有效的组合动作。在组合动作的实际应用中，由于比赛情况的不确定性，导致整个组合动作中会有很多不确定的成分，因此，球员必须具备随机应变的能力，而且比赛还需要他们能够创造出巧妙的动作以及配合。由此可知，篮球运动能够培养球员的良好心理承受能力、广泛的社交能力、充沛的精力与体力等，从而以较高的情商来面对生活、学习中的困难。

3. 增进国际交往和友谊

篮球运动在全世界范围内都比较受欢迎，因此，其已经成为各国之间相互交流的重要工具，并且还成了各国、各团体之间建立友谊、理解、信任与团结的方式。不同语言、肤色、国家的人们可以通过篮球这一世界通用的"语言"来进行交流，从而使人们的交往变得更加密切。

第三节　我国高校篮球运动的发展情况

一、我国高校篮球运动的发展现状

在我国，大多数高校都会开展篮球运动，并且篮球基础设施也都比较完备。开展篮球具有诸多益处，如提高学生身体素质，增强学生体质等。当然不可否认的是，目前，我国高校篮球运动发展还是存在一些问题的。

（一）训练方面

1. 训练强度低

在训练强度方面，高校运动员在强度与量上并不能达到比较高的水准，而造成这种结果的原因主要包括：目前，我国用于高校运动队的经费较少，运动员的营养条件跟不上，而低水平、低强度的运动训练很难将训练质量提高，因而，在一定程度上影响了我国高校篮球运动员水平的提高。

2. 训练时间不足

在训练时间方面，高校的篮球运动员，由于文化基础普遍薄弱，因此，想要顺利完成学业，就必须要在学习方面花费更多的精力，从而导致只能够在课余时间进行篮球练习，而且每一次的训练时间也只有短短的两到三个小时，而这些训练时间显然不够提高他们的专项竞技能力。

3. 训练手段与方法落后

在训练手段与方法方面，在训练条件的限制下，使得我国很多高校篮球选择采用一般性的训练手段与方法来完成篮球训练，并且在内容方面主要是技战术训练，其中，心理训练与体能训练占据的比重很小。

4. 训练检测与恢复方法不完善

在训练过程与运动后恢复方面，我国高校篮球队中多数甚至还处于空白状态。

上述这些问题，对我国高校篮球运动水平的提高造成了一定的负面影响，因此，一定要尽快圆满地解决这些方面的问题，只有这样，才能够更好地促进我国高校篮球运动的发展。

（二）竞技方面

1. 竞技水平相对较低

一些体育发达的国家，在高校篮球运动竞技方面已经达到比较高的水平，但我国目前还处于比较低的水平，导致这种情况的原因主要有以下两个。

（1）中华人民共和国初期，苏联模式对我国篮球运动的影响非常大。篮球等竞技体育在长时间计划经济体制的制约下，也实行了单一化体委负责制模式，这并不利于它的发展。

（2）篮球等竞技体育脱离了主体教育，选择了一个极为狭窄的体校道路，但高校教学内容却是一些业余运动训练。

目前，我国高校篮球发展依然有很多问题存在，其中，最主要的一个问题，就是我国高校篮球运动员在毕业之后，能够被与篮球相关的职业队选中的概率很小。

我国的竞技体育运营机制和管理体制是符合我国国情的，而且也取得了不错的成绩。但是，如果从全面发展的角度出发，现阶段的竞技体育人才培养模式依旧存在很多问题，比如，由于运动员所接受的体育运动训练和文化教育并不成正比，导致后备人才匮乏。

我国竞技体育，多年来都处于一种比较窘迫的环境中，主要体现在虽然有竞赛市场，但是却并未培养出优秀人才，因此，在我国高校篮球运动未来的发展中，这也是一个急需解决的问题。

2. 比赛赛制与实际情况不符

目前，我国高校篮球联赛赛制分为两种，具体如下。

（1）为赛会制，这种赛制主要用于基层选拔赛、八强赛和分区赛。

（2）为主客场相结合的赛制，此种赛制主要用于进入半决赛之后。中国大学生超级联赛一直以来都适用一种赛制，那就是主客场制。

虽然中国大学生超级联赛可以让运动员获得更多的实战机会，而这对球队的锻炼以及赛事的推广是有利的，但是，由于赛制的时间比较长，而且经济开支也比较大，从而导致很多高校无法负担这些。由此可见，我国实施的高校篮球赛制并不符合我国的实际情况，因而，需要进行进一步的完善。

（三）师资力量方面

由于在各种教学活动当中，教师是主导，而体育教学同样不例外。我国高校篮球队的教练员，很多都是体育教师担任的，他们虽然也是毕业于体育院校，并且有较为系统的理论知识，但是，绝大多数教师并没有受到专业篮球训练。另外，他们对高水平的运动训练也比较陌生。

除此之外，当一些具有较高水平的运动员进入高校之后，由于没有高水平教练员的悉心指导，导致这些运动员的技战术水平出现停滞，甚至下降的现象。虽然现在有一些专业篮球教练员开始进入高校，但是这种情况并不具有普遍性，而且相较于世界上具有较高执教水平的教练员，他们的水平还是存在一定差距的，在这种情况下，就应当尽快地全面提高高校篮球教学员的执教水平。

多项权威数据表明，在校大学生比较满意本校篮球硬件设施的人数仅占总人数的25％左右，大约有1/3的在校大学生表示基本满意，剩余在校大学生对本校篮球设施建设不满意，不满意的学生认为高校篮球设施建设还存在很大的提升空间。在高校扩招力度不断增加的情况下，学校教育资源匮乏的问题日益突出，对训练场地、需求较大的篮球项目投入力度极为有限，没有充足资金来满足大学生运动需求。在这一方面，学校领导往往会表现出"重文理，轻体育"的思想，没有将篮球运动硬件设施建设落到实处，并且教学师资队伍也比较缺乏。

我国高校篮球运动教学的师资队伍建设起步时间相对晚一些，其中绝大部分是体育院校培育出的本科生，拥有研究生学历的教师极少。因此，致使部分教师采用的篮球教学指导思想跟时代要求悬殊较大，某些情况下是彻底对立的，这就造成学生在篮球教学课中无法感受到篮球教学的兴趣。近些年来，尽管有部分高校在积极引进硕士学历及以上的老师，然而大多分配在那些突出的体育院校或者重点大学。高校篮球运动师资数量分配不均衡，全国总体水平有待进一步提高。

（四）教学方面

1. 教学内容枯燥

篮球属于集体性显著的竞技运动项目，其具备竞技性和对抗性等特征，受到了很多高校男性的热烈欢迎。每年举办的很多国际篮球赛事和国内篮球赛事，常常能吸引大量高校男生观看，他们会有自己喜爱的篮球明星，选择课余锻炼项目时通常也会更加偏向于篮球运动项目。因此可以得出，立足于理论角度的高校篮球课程教学应当会受到学生欢迎。然而，相关调查与教学实践表明，学生在篮球课堂上的学习积极性一般较低，教学过程中学生积极配合教师的情况极少。对该现象加以分析后得出，主要和教学内容枯燥乏味有密切关系。很多教师的教授内容仅仅局限在篮球基本技术的学习与练习，未能重点讲解篮球技战术以及篮球理论知识，没有对篮球运动的娱乐性和竞技性进行充分展示，课堂氛围的趣味性有待进一步提高，所以无法充分激发学生的学习兴趣。

2. 教学模式的落后

当前，我国高校篮球教学依旧遵循 20 世纪从苏联照搬的老模式，尽管吸收与转化时间已经大约有半个世纪，然而实际变化依旧很少，在部分教学思维上依旧存在以前教学模式的劣势。相关调查表明，我国高校篮球教学大多将提高学生提升和传授篮球技能作为主体，仍旧未能打破以技术教学为核心的老格局。在日常训练中，单方面重视篮球有关动作的机械重复，未能重点培养学生的创新意识，无法高效发挥学生独立思考的能力。在一些篮球运动教学过程中，尽管表面按照最新教学文件，但实行力度却极为有限，没有在课堂教学中体现学生的主体地位。与此同时，我国篮球体育教学的课程设置方面，朝前迈进的步伐也极为缓慢，和高中课程或初中课程的实质性差别较少，仍然是过去那些篮球基本动作的不断重复，缺乏新意。在课程中，除篮球基本动作以外，和篮球心理学、篮球营养学相关的内容很少。

3. 教学方法单一

篮球是大众健身运动项目中的一种，其普及程度已经达到了很高水平，很多高校学生在大学之前已经深入了解了篮球运动，同时已经具备相对稳固的篮球基础，可以顺利完成部分篮球竞技活动。但是，依旧有一些学生，尤其是女学生，由于往常参与体育锻炼的次数很少，所以没有深入认识篮球运动。但高校篮球运动教学中，教师对基础水平存在较大差异的学生会采取"一刀切"的教学方式，很容易让基础好的学生因为教学内容太简单而丧失兴趣，让基础差的学生因为教学内容太难而丧失信心，最终对整体教学质量产生消极影响。此外，在传统教学模式的作用下，很多篮球教师依旧采用传统的示范讲解法和演示法来教学，这些单一化的教学方式必然会对学生学习兴趣产生负面影响，对营造轻松愉悦的教学环境产生不利影响。

4. 教学管理不够完善

我国学校篮球教学方面的理论研究有待进一步增加，很多篮球教学工作者以及学校领导在教学管理上的经验比较少，通常由各市教委体卫艺处或体育协会负责管理和指导学校篮球教学管理工作和篮球人才培养管理工作，并且也对学校课余体育训练实施监管。

分析我国学校篮球教学现状可知，篮球教学工作通常是指在校长领导下，体育教研组长负责具体工作内容的实施，但学校、教师、学生作为不同的行为主体，分别对应着各自的教学目标与学习任务，三者间无法形成一个协力培养社会所需的实用性全面人才的教学目标。

分析专业体校可知，通常篮球专业的学生参与篮球训练的目的是升学以及在今后发展中享受某些照顾。但是，现阶段绝大部分学校没有衔接好篮球后备力量在生活和今后发展环节上的相关工作，部分教练员在训练过程中并未遵循学生成长发展规律，仅顾及学生的学业成绩与科研成绩，没有对学校输送篮球后备人才予以应有的关注。这不但不利于学校美誉度与知名度的不断提升，而且对学校篮球后备人才招生数量以及招生水平也有限制作用。

对于综合类高等院校来说，因为整体上学校更加重视文化课学习，所以未能给予包括篮球运动在内的体育运动项目足够的关注和重视，教学管理方面暴露出了很多漏洞，很大一部分学生在体育课中处于自由活动状态，篮球运动教学中没有确立适宜的管理制度与措施。除此之外，校篮球运动队的管理和学校多个部分均存在关系，所以出现了很多问题。例如，工作协调难度大，一些领导与教员没有清晰认识培养篮球运动人才的重要性，学校没有给予篮球运动管理机制应有的重视，以上因素均对高校篮球运动教学的科学发展产生了不利影响。

二、我国高校篮球运动教学发展的对策研究

（一）革新篮球教学思想

1. 利于篮球文化发展

站在人类文化的立场进行分析，校园体育文化属于人类众多文化中很小的组成部

分，它属于精神文化范畴，同时也是多层次主体化的有机整体之一。高校校园体育文化能够推动高校体育课教学，校园体育文化氛围的作用体现在以下几方面：激发学生学习积极性；陶冶学生情操；全面提升学生身心素质；有效强化学生竞争意识与团队精神，实现学生均衡发展。通过参与日常的篮球教学实践，学生在参与身体不同练习以及有关篮球活动后，能够进一步感受、理解、认识篮球运动，对形成运动观与价值观发挥作用。例如，让学生感受、理解、认识顶级篮球运动员的拼搏精神、严谨作风、坚韧毅力、民族气节等，能够让学生在学习过程中自觉提升自身素养。

在开展篮球教学的过程中，要将发展篮球文化置于重要位置。篮球文化属于构建篮球运动的重要部分，大学生参与篮球运动的过程中会深受篮球运动文化的潜在影响，这种潜在影响是至关重要的，尤其会对学生养成行为习惯发挥举足轻重的影响。具体来说，应当注意以下两个问题。

（1）体育教师要高度重视篮球理论课，并且做出科学安排。体育教师通过系统全面的讲解，让学生真正掌握篮球运动发展进程和发展走向，让学生充分熟悉篮球运动基本技战术所涉及的各项原理，同时让学生更好地掌握有关篮球运动的医疗保健知识和裁判知识。

（2）在高校篮球教学过程中，教师需要高度关注和有效发挥篮球教学的育人价值，促使学生将掌握的篮球知识转化成自我价值，利用篮球运动学习磨炼学生的意志，促使学生逐步形成健全人格。教师一定要让学生更深入地了解篮球运动包含的各项核心精神，推动学生逐步形成乐观自信、遵守规则、热爱民族、热爱祖国的良好品格。

总而言之，学生参与篮球课并非只是单方面追求学分，相反要让学生认识到体育教学的终极目标。除此之外，在篮球教学过程中，教师需要充分尊重学生主体地位。教师要有效激发学生主动性，有效解放学生学习天性。学生在学习过程中，要主动参与其中，同时还需引导其他学生也参与到篮球运动中。

2. 培养学生终身体育意识

分析教学活动全过程可知，学生学习应当是能动性的学习活动，自主性、互动性、开放性是该过程的特点。详细分析可知，高校大学生在参与篮球活动的过程中，能够认识拥有相同兴趣爱好的学生，能够拓宽自身交际圈，提升人际交往水平。除此之外，和他人（特别是志同道合的人）接触，能够促使大学生积极学习他人的良好品质，对大学生主动学习、挑战自我、积极创新均有推动意义。由此可知，篮球运动不但可以提升学生的身体素质和运动能力，而且在学生步入社会后仍然可以继续受益，在教学过程中教师应当让学生清晰认识到这方面的作用，进而让学生把篮球运动当成终身受益的运动来学习，促使学生形成正确的体育价值观，真正让学生受益终身。

终身体育主要包含两方面内容：一方面，是指一生中人们经过持续不断的体育锻炼，实现增强体质与推动身体全面发展的目标；另一方面，是指把体育系统的整体化和科学化当成目标与手段，为人们各个时期与生活领域提供体育锻炼机会的实践过程。终身体育思想是促使人们在整个人生中持续接受体育教育并终身参与体育锻炼，高效衔接人生每个时期的体育，进而有效保障体育教育的完整性与连续性。教师在篮球教学过程中，必须将培养学生终身体育意识置于重要位置，这属于现代体育教学的要求。

3. 促进健康生活方式的培养

在电脑与手机普及程度不断提高的情况下，如今几乎所有大学生都配备电脑与手机，许多大学生很晚还在玩手机和电脑，导致第二天上课时学习效率直线下降。除此之外，长时间看电脑与手机还会导致大学生视力下降。因此，大学生需要主动养成良好的作息习惯，这能够有效改善大学生的体质健康状况。

近些年来，在美国男子篮球职业联赛、中国男子篮球职业联赛、大学生超级联赛等相关赛事的作用下，参与篮球运动的大学生人数逐年上升，学生越来越清晰地认识到篮球运动对建立健康文明的生活方式的积极影响。在高校篮球教学过程中，教师高度关注在融洽的教学氛围中传播篮球文化，推动学生体育锻炼以及行为的规范化、常态化，能够对学生实现身心健康、养成健康生活方式与行为习惯产生积极影响，有利于高校大学生的健康成长。

（二）完善篮球教学的目标和功能

1. 树立正确的篮球教学目标

教学实践研究证实，智力因素与非智力因素对学生学习活动具有至关重要的作用。分析传统教学活动可知，其将智力因素摆在了过高的位置，没有给予非智力因素应有的关注。现代篮球教学目标应当把增长学生知识摆在重要位置，不仅要培养学生各项能力，还要有机结合人格教育、品德教育、情感教育和知识教育。

需要重点说明的是，我国教育追求学生德智体美实现均衡发展，但某种程度上忽略了培养学生的特长与个性。当今社会开放程度高，竞争日趋激烈，高校篮球教学发展同样需要做到与时俱进，彻底破除传统教育教学方式，重点关注理论创新，主动学习先进的教学理念，取其精华去其糟粕，促使高校篮球运动教学更加丰富，实现使学生身心健康发展的目标。

2. 不断加强篮球运动的教育功能

篮球教学需要在培养大学生篮球素养方面投入更多精力。素养是指人们通过学习得到的知识与技能，并且借此形成合理认识与价值观，同时待人处事的态度也包括在内。篮球教学要有效提升学生篮球素养以及综合素质，不仅要推动学生身心全面发展，还要推动素质教育发展。截至现在，篮球运动的增智功能、健身功能、教育功能、社交功能已经得到了越来越多人的认可，同时也受到越来越多人的高度重视。

篮球训练和比赛，不但可以培养高校篮球运动员形成集体主义精神，而且能逐步发展学生百折不挠的意志品质，促使参与其中的大学生得到人格修炼，同时构建出人性化的篮球运动。需要说明的是，当前社会科学技术发展较快，知识增长速度逐年加快，终身教育普及程度和竞争压力逐年增加，这些因素的变化都向人们的能力提出了越来越高的要求，单一化知识已经难以满足当今社会对人才的需求。因此，在篮球教学过程中，一定要有效发挥篮球教学的各方面功能，科学培养和提升学生的各项能力。

（三）注重理论与实践的结合

1. 更加重视理论与实践的结合

伴随着科学技术的不断进步，应用在篮球教学活动中的先进科技不断增加，传统的篮球观念、篮球理论、篮球技战术、体能水平、训练方法均得到了深入改进与创新，这属于篮球教学的显著发展走向。

在现代篮球运动稳步发展的情况下，新型理论观点被不断推出，新型竞赛制度日益完善，新型规则逐步充实与发展，最终使得篮球理论和篮球实践内容均处于逐步创新、逐步发展的状态。这不仅对提升大学生篮球运动水平有重要意义，也对高校篮球运动教学的可持续发展与逐步完善具有积极影响。

深入研究篮球教学理论的目的主要体现在两个方面：一方面，是为了对篮球教学实践展开更加科学地指导；另一方面，是为了全面总结篮球教学实践。倘若不存在理论研究，或者缺乏篮球教学实践，那么篮球教学全过程的意义都将无从谈起。因此，必须充分结合篮球教学的理论研究和实践研究，进而使理论研究的力度和成效得到有效强化。

2. 篮球教学活动形式的多样化

因为篮球运动具备集体协同特点和时空对抗特点，所以受到了很多大学生的欢迎，并且还有效推动了篮球活动在高校校园的发展与普及，使得篮球运动成为校园文化色彩浓厚、文化娱乐与大学生增强体质、修炼人格的重要方式。同时篮球运动本身就具备鲜明的挑战性与趣味性，因此，几乎在我国任何高校都能看到篮球活动，篮球运动已经发展成为大学生学习与生活中不可或缺的部分。

除此之外，高校篮球活动具有丰富的形式，学生在篮球运动的基础上衍生出了许多种玩法，街头篮球、三对三、四对四篮球比赛等就受到了越来越多人的欢迎。这些运动形式在高校发展相对普遍，并且开展效果较好，当前已经发展成大学生生活与学习的关键内容，并且还是篮球教学的一个发展侧重点。

3. 促进学校篮球俱乐部的发展

体育活动的灵活性特征显著，学生间的年龄差异、性别差异、兴趣差异、体质差异、运动基础差异都使得学校固定不变的体育活动形式是与现实不相符的。因此，教师必须选取灵活多样的运动形式，进而更好地满足学生多方面需求。

近几年来，校园体育俱乐部活动是十分盛行的体育课外活动组织形式，学生可以结合自身的体育特长和兴趣爱好自愿加入到相关组织中。体育俱乐部有组织，有管理，有专人指导，有经费支持以及一定的向导性，活动效果好，受到了越来越多学生的喜爱。学校体育俱乐部一般是学校结合本校场地设施、师资力量、传统优势等因素筹建。学校体育俱乐部活动管理需要安排专人负责，结合学校体育工作整体规划与课外体育活动管理来制定出合理有效的活动目标、运营方式、人员安排等。除此之外，体育俱乐部还需高效筹措经费、科学配置场地器材设备。教师在篮球教学的过程中，要将组织与管理学生课余篮球活动摆在重要位置，进而利用篮球俱乐部更好地弥补篮球教学活动的缺陷，更加高效地达成篮球教学目标。

（四）完善教学管理制度，优化教学环境

1. 建立健全篮球教学管理制度

在现阶段，积极引进先进管理理念，大力建立健全篮球教学管理体系，能够加快篮球教学的优化进程。高校篮球运动教学管理过程要充分学习与借鉴其他国家的成功管理经验。例如，美国大学生体育联合会组织机构相对完善，且具备先进的管理理念，这种先进的管理理念能够有效启示我国篮球教学以及建设篮球人才培养管理机制，具体表现在以下几个方面。

（1）提高管理理念，突破过去依赖学校的管理模式，有效发挥体育教师与学生两方面的作用，推动体育教师与学生更加积极地参与到篮球运动教学中。

（2）有效处理篮球训练管理与篮球教学管理之间的矛盾。利用增强高校大学生和篮球运动员间的沟通合作、统一管理等手段，促使篮球训练管理水平与篮球教学管理水平得到稳步提高。

（3）高校其余管理部分应当主动配合高校教学管理部分的每一项工作，不同部门之间不断增强组织协调力度，构建出灵活多变的调控机制。

2. 增加篮球教学的资金投入

欠缺经费已经成为篮球教学与篮球训练面临的严重问题。分析普通综合性高校的篮球教学可知，因为篮球科研、篮球教学、篮球场地设施三方面的经费都比较少，所以导致篮球教学软件设施与硬件设施均难以满足篮球教学和篮球训练的需求，经费条件短缺已经对篮球教学活动产生了很大的消极作用。因此，必须加大篮球场地、器材建设方面的资金投入力度。当今，高校领导没有给予体育相应的关注，已经成为我国绝大部分高校体育设置落后的重要原因。在资金匮乏的影响下已经难以满足学生在体育器材方面的学习需求，篮球场地和器材分配方面的资金都极为有限。由此可知，要想提升普通高校篮球教学质量，一定要密切联系学校实际情况，适当加大体育经费投入力度，通过扩建运动场馆、增加体育器材两种手段来为大学生参与篮球运动教学提供良好条件，使学生自觉加入篮球运动教学过程中，提升篮球教学总体水平。

当前，增加篮球教学资金状况，需要高度关注两方面因素的控制。第一，要彻底转变过去只依赖学费或教委、体委投资以及社会赞助等单调的资金投入手段；第二，政府部门要制定适宜的支持政策；第三，学校要主动改变以往观念，不断增加多种渠道，进而更加有效地改善高校篮球运动教学的经济条件，向篮球教学、篮球科研、篮球训练提供更多资金支持。

（五）加强篮球教师队伍的建设

在高校篮球运动教学活动中，高校篮球教师的角色是主导者。在教学活动中，教师能够起到指导作用。提升篮球教师基本素质与专业素质、专业水平与训练水平，不仅对篮球教学质量的提升有积极影响，也能加快高校篮球教师专业水平与训练水平的提升进程，能够有效提高篮球教学质量，培养出更多更具潜力的篮球运动人才。因此，强化篮球教师队伍建设，是今后发展高校篮球运动教学的走向。

篮球教师应当具备高水平的能力结构素质，换句话说，就是具备高效完成篮球教学工作的能力，如教学设计、教学组织、教学内容讲解等。如果高校篮球教师具备较强的教学设计能力和组织能力，则不但能科学安排教学内容，而且也能充分激发学生参与篮球运动教学的主动性，使得篮球运动教学活动开展得更好；如果高校篮球教师具备较强的表达能力，则可以利用形象的语言来阐析各项知识与技能，促使学生取得更好的学习成果；如果高校篮球教师具备较强的组织能力与管理能力，则不但能协调好师生关系，也能高效运用已有的教学资源，推动教学活动更加有序地开展。除此之外，体育教师也需要具备较强的知识结构素质，不断拓宽篮球知识的广度与深度，不但要积极掌握篮球运动基础性的知识与技能，而且要积极掌握篮球教学基本规律以及学生身心发展基本规律。

教师应当增加优化创新篮球教学内容的幅度，使学生在课堂上深入认识和篮球运动相关的新理念、新知识。与此同时，在教学过程中教师要始终确立学生主体地位，使学生在教学过程中逐步养成独立精神。因此，在高校篮球运动教学过程中，篮球教师要将创新摆在重要位置，要对学生的好奇心保持耐心，通过合理引导来启发学生，让学生各方面素质在学习过程中得到大幅度增强。发展教师的各项素质，还应当积极建设篮球教师队伍，高度重视教师岗位制度的完善进程，使教师职责更加明确；积极建立完善监督与培训体系，逐步提升高校篮球教师的各项水平。另外，也要有效调动篮球教师以及教练员的主动性，不断改善篮球教师和教练员的待遇水平。

总之，只有使教师素质得到提升，才能有效提升高校篮球运动教学水平。在篮球教学过程中，学校需要定期对教师进行培训，为篮球教师提升各项素质创造良好的条件。

（六）构建科学的篮球教学评价体系

在篮球教学过程中，教学评价应服务于体育教学的目标，在进行教学评价时应做到结果评价和过程评价的统一。在篮球教学过程中，需要对各项教学工作进行反馈，以更好地促进篮球教学工作的开展，这样需要篮球教学评价要具有动态性。针对不同的评价对象，应采用与之相适应的评价方法。

现阶段，我国各级学校的篮球教学评价体系还不健全，篮球教学训练工作的实施缺乏科学性和系统性，现阶段，迫切需要构建一套完整的教学评价体系，来指导现代篮球教学。构建科学的篮球教学评价体系，主要从以下三个方面入手：第一，通过国家体育教育教学的相关基金项目增设关于篮球运动项目教学评价体系的研究项目；第二，通过校级课题立项形式，加强对本校篮球教学评价体系建设的研究；第三，鼓励教师和学生多提意见和建议，鼓励个别教师进行教学实践和实证研究，加强对科学篮球教学评价体系的理论和实践探索。

需要说明的是，篮球教学评价的主体并不仅仅限于领导、专家、教师和学生，家长评价也被逐渐引入到教学评价体系中来了，相应的社会评价体系也在逐步完善，教学评价的主体向着多元化的方向发展。科学、正确的评价应该是包括教师、学生、家长、管理者共同参与的交互过程。

三、我国高校篮球运动的发展趋势

高校篮球教学工作的顺利开展，对促进高校学生身心健康成长，提高学生团队意识以及创新精神等多个方面都具有重要意义。当前，在新的经济环境之下，我国高校篮球运动教学也呈现出了新的发展趋势，具体如下。

（一）终身体育教学理念的不断深入

高校体育教育作为学校体育的最后阶段，它承接着社会体育，在高校体育教学中培养学生养成良好的体育锻炼习惯，对于培养学生"终身体育"意识具有重要作用，能够使人受益终身。应该将体育教育贯串人的一生，加强对学生终身体育教育理念的灌输，让学生养成良好的体育锻炼习惯，真正做到生命不息，锻炼不止。

（二）素质教育教学理念的不断深入

将素质教育教学理念渗透到高校篮球教学当中，对培养学生理念、联系实际的素质能力具有重要作用。学生在学习篮球技战术的同时，还能够有效促进学生综合素质能力的全面发展。例如，在篮球实践教学当中，在篮球比赛当中，能够培养学生的团体合作能力、组织能力、反应能力、观察能力等等。培养学生多方面的综合能力，才能够帮助学生更好地适应社会发展的需求。

（三）高校体育教学趋于多元化

随着体育科学的飞速发展及改革的深入，高校体育的目标有了多元化发展，从先前的单纯增强体质和增进健康，发展到了娱乐和个性的结合。教学内容和方法手段也突出了学生个性需求，通过多种目标、多种方法来实现高校体育教育的任务，以利于提高学生的兴趣，使学生更加主动地参加体育锻炼和学习。

1. 趣味性和挑战性较强

篮球运动本身具有时空对抗、集体协同等特点，致使其具有很强的趣味性与挑战性，而这也是充满朝气的大学生喜爱篮球的一个主要原因，所以篮球运动在高校中具备了进一步发展与普及的条件。另外，高校篮球运动的形式非常多样，其中，最受学生欢迎的形式有轮椅篮球、街头篮球等，而这些都成了大学生学习、生活中的重要组成部分之一。

2. 具有较强的教育功能

人文教育对现代化社会发展具有十分重要的作用，而篮球运动的多重功能（如社交、教育、宣传、增值、健身等功能），也越来越被社会认同且受到高度重视。篮球训练和比赛，除了可以有效地培养球员团结协作、齐心协力的集体主义精神之外，还能够有效地培养与建立他们顽强的意志品质。

目前，大众普遍接受了人文篮球的观点，使得篮球运动不仅具有竞技功能，还具有锻炼篮球运动员人格的功能。在竞争激烈的大学学习环境当中经常参加篮球运动，一方面，能够使学生在生活与学习中面临的各种压力得以缓解；另一方面，还能够锻炼他们的意志、陶冶他们的情操，另外，还能够增强他们的荣誉感、使命感。

（四）高校竞技篮球呈现新特点

1. 高度和灵活度相结合

高校篮球强队，除了极为重视球队成员的平均身高，也很重视提高高校队员的身体素质。为了让运动员的攻守都处于制空优势，就必须要有效地提高他们的制空能力，与此同时，还要强化他们的弹跳能力与力量。目前，各所高校篮球运动员教学的典范为：具有敏捷奔跑速度、精湛篮球技术与技巧、良好弹跳力的优质球员，并且还能够进行绝妙的表演。上述这些使得高校篮球运动更加绚丽多彩，技战术内容更加充实。

需要注意的是，高校篮球运动不仅需要重视高度，还需要重视"灵活性"。随着高校篮球运动的空间争夺激烈程度越来越强，导致高大运动员只有做到"高中有灵，高中有巧"，才能够获得比赛的主动权，并最终取得比赛胜利。目前，高校篮球运动发展的一个重要趋势，就是高度与灵活度的有机结合。

2. 速度和准确度相结合

由于篮球规则对进攻时间的限制越来越严格，因此，比赛的速度也变得越来越快。除此之外，战术的变化同样对进攻速度有一定的要求。在高校篮球运动中，有节奏地加快攻守转换速度十分重要，而这可以促使快速反击次数增多，从而提高快攻得分率。

目前，高校篮球比赛对抗的一个特点与趋势为：普遍重视在高强度、速度的对抗中保持比较高的投篮命中率，并依靠速度来争取主动权，争取用时间来控制空间，最终赢得胜利。另外，在保证速度的同时，还需要尽可能地提高准确度，只有这样，才能够取得比赛的最终胜利。总而言之，在高校篮球运动向前发展的同时，学生运动员对于速度的理解应当更加合理与全面。

3. 凶悍和智谋相结合

攻守对抗越来越激烈，体现在一方有勇气、有毅力、有胆识和另一方进行对抗，这也是现代篮球的一个重要特点。对抗主要体现在智力、战术、心理、身体以及技术对抗，只有在各种对抗当中取得胜利，才有可能获得比赛的最终胜利。球队想要取得对抗的胜利，必须要满足以下两个要求。

第一，对抗时运动员一定要凶悍。

第二，对抗时运动员一定要运用自己的智慧。

目前，很多大学生篮球运动员都意识到了拼斗能力与强悍作风的重要性，与此同时，还意识到了"智谋"的重要性。高校普遍认可的当代篮球新观念，就是有智谋的拼斗。

4. 技术全面和特长相结合

由于现代篮球运动的对抗强度变得越来越强，因此，运动员需要具备尽可能全面的技术。具体来讲，就是要求队员能快能慢、能里能外的适应战术调整，与此同时，也需要球员提高各项体能素质，比如，灵活性、弹跳、力量等。

除此之外，运动员还能够在技术全面的基础上，拥有一项自己的专属特长，只有这样，才能够在球场上做到所向披靡。很多美国男子篮球职业联赛篮球明星都是技术全面和特长有机结合的典范，比如，科比、奥尼尔、乔丹等。

5. 常规和创新相结合

篮球运动的发展过程，实际上，就是一个不断创新和继承的过程。现代篮球运动技战术的灵魂就是创新，只有持续不断的创新，才能够使其保持活力，才能够有效突破篮球发展的障碍，才能够使高校篮球运动不断向前发展。在常规与创新相结合之后，会产生多种不同的风格与打法，由此能够看出，高校篮球发展的一个突出趋势与特点，就是创新。

需要注意的是，创新是在把握与认识篮球运动本质规律和特征的前提下，对其发展趋势的真正认识和理解。高校的篮球运动员与教练员们，应当在篮球运动的实践过程当中，继承篮球运动中的好传统，并在此基础上不断进行创新，只有这样，才能够更加快速地发展高校篮球运动。

第四节　篮球运动的发展趋势

一、中国篮球运动发展现状

新形势下，中国体育事业改革不断深化，体育事业发展战略重心由"体育大国"向"体育强国"转移，篮球运动亦迎来新一轮的发展契机。

目前，篮球职业联赛市场化、产业化不断完善，联赛的竞技水平越来越高，吸引了包括 NBA 在内的世界各国的高水平篮球运动员前来中国打球，引起社会各界的广泛关注，有力地推动了中国竞技篮球运动的发展，也进一步提升了篮球运动的影响。另一方面，随着人民物质生活水平的日渐富足，精神文化的需求也在不断加强。2005年，根据《全民健身纲要》的精神和中国篮协宁波会议宗旨"中国篮球运动将作为一种全民的健身文化"在全国范围内予以全面地运营和推广，中国业余篮球公开赛（China Basketball Open）应运而生。此项赛事是经国家体育总局篮球运动管理中心批准，中国篮球协会主办，全国各省市体育局、篮球协会承办的全民性大型体育健身项目，赛事的推广与运营也有效地促进了篮球运动在全国各地、各社区的开展。

在中国篮球运动不断发展的同时，现阶段也同样存在许多亟待解决的问题。

（1）随着市场化的不断完善，现有的篮球运动管理体制和运行机制还不能适应该项目的快速发展，管理部门在思想上和认识上还存在一些问题。

（2）代表国家最高水平的男、女国家队并没有因职业联赛的良好发展及群众篮球运动的火热开展而发生飞跃，在国际和亚洲赛场上竞赛成绩起伏不定，不尽如人意。

（3）CUBA、CUBS 的举办，使校园篮球火遍大江南北，但却难以向更高一级运动队输送更多、更优秀的篮球后备人才，暴露出篮球后备人才培养工作薄弱的问题。

（4）各级教练员队伍良莠不齐，整体素质不能适应现代篮球运动的快速发展，对竞技篮球运动发展规律认知不够，训练、竞赛理念落后。

（5）中国现在有 3 亿篮球爱好者，但由于地方政府重视程度不一，加之受场地少和设备落后等条件限制，中国民间篮球热一直难以升温。

（6）篮球理论研究和科研工作滞后于篮球发展实践。针对篮球运动存在的深层次问题缺乏自主性研究成果，科学研究未能重视与实践结合，科研成果应用率不高；实践工作者不重视理论的指导作用，忽视训练工作中的科研指导。

二、篮球运动未来的发展趋势

（一）球队的"大型化"

（1）通过篮球运动的不断发展和创新，球队越来越注重队伍的大型化，真正体现了篮球是"巨人们的游戏"，注重身高、体重的均衡化。就目前而言，排在世界前 10 位左右的球队，男篮的平均身高为 2～2.06 米，世界前 3 位的女队身高为 1.80～1.85 米。篮球运动员身材高大，胸廓大，手大，脚大，腿长，手臂长，小腿长，臀部小、踝围小，优越的身体条件使球员在篮球场上如虎添翼。

（2）全面的个人技术。个人技术的全面，泛指凡是与篮球相关的技术都具备，即篮球基本技术十八般武艺样样精通。空位无球技术中的跑动、跳跃、急起急停、前后转身、躲闪、腾空滞空等动作快速灵活；持球技术中的投篮、切入，突破中的传球、运球、进攻篮板等全面熟练；防守过程中积极拼抢，不仅顽强而且凶悍，给对手的进攻制造了很大的麻烦，有效地降低了对手的进攻成功率。

（3）位置感模糊，球员能够胜任多个位置。如果对球场上的球员以位置来界定的话，主要分为中锋、大前锋、小前锋、攻击后卫、组织后卫。现代篮球运动的快速发展，促使传统意义上的位置分工日趋模糊，目前基本上已没有绝对的位置区别。如果球员担任的位置过于单一的话，就有可能受到上场时间的限制，这就迫使优秀的篮球运动员必须具备能胜任多个位置的能力。我们耳熟能详的现役美职篮达拉斯小牛队的德国籍球员诺维茨基，身高 2.13 米，大而不笨，高而不慢，能内能外，能胜任场上各个位置的进攻任务，不仅能得分，而且能抢篮板球，还能组织和参加快攻。诺维茨基和中国的王治郅同年进入小牛队，两人的身高相差无几，由于诺维茨基的这个优势，两人合同期满后，诺维茨基重新续约，也巩固了其在小牛队当家球星的地位。

（4）具有良好的身体素质和机能。世界优秀篮球运动员都具有良好的身体素质，首先体现在他们的视野宽广，反应迅速，心、肺功能良好，能长时间、高强度地保持旺盛的体能；其次运动员的力量、耐力、弹跳、灵敏、速度、协调性、柔韧等素质全面发展，尤其是力量和协调性突出。

（二）注重进攻的时效性

（1）加快比赛节奏，就是我们平时所讲的"快攻"。快攻是每一支球队最常用的一种进攻手段，以最短的时间完成得分，这种进攻手段的使用主要集中于两个基本前提：

首先是后场篮板占据绝对优势，形成了很好的控制；其次是利用积极凶悍的防守迫使对方失误。快攻往往是以迅雷不及掩耳之势，发起潮水般的快攻，打对手退守不及或立足未稳，不仅能快速得分，而且节省了时间，助长了本队的士气，很好地压制了对手的威风。[①]

（2）比赛过程中"节奏"的原则。相反快攻也会带来相应的不足之处，快速地发动快攻或一味追求快攻容易造成过多的失误，为此，必须遵循"该快则快，不该快应打阵地进攻"的原则。在这种情况下，"节奏"就显得非常重要，在篮球场上"球权"很重要，所谓"球权"，即本队掌控篮球获得更多进攻篮筐的机会。一场比赛的输赢，从某种意义上来讲，主要是根据该队在比赛中出现失误和犯的错误来判定的，在比赛过程中，谁失误少可能该队获得最后胜利的概率就大，所以，目前世界强队的进攻节奏理念主要体现在"进攻节奏是快而不乱的，快中求准，慢而不死，慢中求变"。

（3）攻、守转换和技术衔接快。防守队利用各种获得球的机会发动快攻，以及进攻队建立起失球地防守理念促进了篮球比赛攻、守的快速转换。各种技术的衔接不仅连贯、协调，而且灵活多变、快速及时。

（三）强力中锋技术全面而且活动范围广

（1）技术全面

目前，世界强队中锋的个人能力突出，技术手段多样化，而且具备内、外线的进攻技术，动作灵活多变，方向上能左能右，距离上能远能近。除此之外，现在的中锋具备很强的传球能力，尤其是传球意识非常好，我们看球赛发现，好的中锋每次接球后都不急于进攻，往往都是制造进攻的假象，等防守队员过来实施包夹时，则把球传到空位的队友完成得分。不仅如此，他们的传球方式多而且隐蔽性较强。我们经常能看到高大中锋跑快攻的场景，技术动作一点不亚于场上小个的后卫，充分表明了现代中锋技术的全面等特点。在防守中的盖帽、协防也十分到位。[②]

（2）进攻不受区域限制，进攻里外兼备

表1-1为历届奥运会中锋接球范围统计表，从表1-1中的统计数据可以看出，优秀中锋的活动范围已不仅局限于篮下狭小的范围之内，而且在近、中、远区都可以接球，这样不仅使中锋的攻击范围扩大了，而且也为外线队员空切、背切篮下提供了有利的空间，为对手的防守制造了很大的麻烦。

① 王宝成，杨汉雄.竞技体育力量训练指导［M］.北京：人民体育出版社，2001.
② 孙民治.篮球运动高级教程［M］.北京：人民体育出版社，2004.

22

表 1-1　历届奥运会世界优秀中锋接球范围统计表　　　　　　　　单位：%

持球区域	男	女
合理冲撞区	58.3	44.7
篮筐下沿	61.6	52.4
合理冲撞区至三分线	24.7	25.4
三分线以上区域	16.9	33.8

（3）中锋战术配合意识强，是进攻的枢纽

一个优秀的中锋不仅需要具备个人的进攻技术，更要有团体合作、极强的团队配合意识，相当于场上的活动中心枢纽，中锋高低位的掩护、策应、拉开，给外线队员创造空切和突破的机会，同时高空配合增多，吊拉、补扣、重叠盖帽等已屡见不鲜。类似于这样的中锋比比皆是，例如，我们非常熟悉的前美职篮休斯敦火箭中锋姚明，他在场上的作用不仅是个人独得多少分，而是协防、高低位给队友的掩护挡拆，由于他的能里能外的技术风格，以及拉空限制区为队友制造空切上篮的机会，给当时联盟众多球队制造了很大的麻烦，为此不少球队每次赛后观看姚明比赛录像成了训练中的一道必修课。

（4）主动求变是制胜的根本

篮球比赛的精髓是变化，有变化则主动，无变化则被动。主动变化的原则集中体现在：首先，技术运用的随机应变性。篮球技术动作是固定的，有严格的规范标准，但在技术运用时是不固定的，应根据对手和环境的不同而灵活变化，而变化的基础是运动员的智慧和个人技术能力。其次，战术运用灵活多变，篮球战术种类繁多，每种战术也有固定的套路，但在比赛中应根据对手的不同，灵活运用。在知己知彼的基础上，有针对性地实施攻击，以我为主，扬己之长，攻彼之短。掌握时机，主动变化，如根据进攻和防守重点、快慢节奏、阵容配备经常变换，让对手不适应，使自己掌握主动权。最后，篮球比赛更具观赏性，精彩的篮球比赛可以吸引众多的球迷和观众，这是推动现代篮球运动社会化和产业化的重要因素。篮球运动形式的哲学和美学表现，使篮球运动产生了巨大的魅力。篮球比赛所体现出的技术风格、战术变化的奥妙，产生的个人效应及社会学价值，可以倾倒成千上万的观众和商家，使篮球产生巨大的影响，就像 20 世纪六七十年代的传奇巨星拉塞尔、张伯伦，以及具有"篮球之神"之称的芝加哥公牛队的迈克尔·乔丹等，他们当时的个人影响力可以超过时任总统。

（5）中锋进攻中的重要手段——"贴身"进攻技术

第 27 届奥运会及第 12 届世界篮球锦标赛中锋身体对抗统计表，如表 1-2 所示。

表 1-2　第 27 届奥运会及第 12 届世界篮球锦标赛中锋身体对抗统计表

技术手段	运用频率/次	所占比例/%
身体接触中的接球	773	76.6
身体接触中的传球	319	55.1
身体接触中的突破	131	91.1
身体接触中的投篮	641	81.6

通过统计数据可以清晰地发现，在现代篮球大赛中，世界优秀中锋贴身进攻的技术运用得非常普遍，并且渗透到了各项进攻技术之中，同时也说明要想在世界强队中生存必须改变传统中锋独守篮下单一进攻的手段。

（四）教练员的训练、管理、指挥能力

篮球是一项注重团体、协作配合的运动，而一支由 10 多人组成的队伍，球员技术风格、性格各异，如何把这样一个群体打造成训练有素、能打胜仗的篮球队伍，教练员的训练水平、管理指挥能力显得尤为重要。这就要求教练员自身素质过硬，其思想品德和职业道德素质要高，包括为篮球事业无私奉献的精神，积极进取，努力学习，开拓创新，身先士卒，为人师表，严于律己，团结合作，公平竞争，还包括自身的篮球技术水平、技战术身体训练经验、参加比赛和指挥比赛的经验、专项理论知识和相关的基础理论知识，以及良好的心理素质和综合的能力素质。管理能力更强，要想夺标，首先要育人，这是竞技体育的一条基本规律。教练员育人的内容包括对运动员人生观、世界观和爱国主义的教育，培养运动员的集体主义并使其树立团队精神，建立正确的职业道德规范，培养良好的作风和遵纪守法的思想。教练员采用管理教育的方法包括形式、环境、实践、爱心和说服等教育，满足运动员的正当需要，建立健全规章制度和奖惩制度等。教练员应具有丰富的指挥比赛和临场应变能力，了解球队的整体实力和调配上场队员的技战术打法，是取胜的保证，从而建立自己有效的攻防体系。看到不足，不断进步；在战略上藐视对手，必攻不守（攻防战术都要有攻击性）；输球在自己，赢球在对方；不责备队员，发挥每名队员的积极性，合理使用每名队员，培养其团队精神；避实击虚，善用长短，出奇制胜。

（五）优秀运动员年轻化，老运动员的运动寿命延长

纵观世界篮坛，所有职业篮球联盟的运动员都呈现出年轻化趋势，而且老运动员

的运动寿命逐渐延长，据统计，17～19 岁的队员都已成了世界强队的中间力量，并拥有很高的知名度。主要是科学化训练水平的提高和世界篮球职业化的进程加快，促使优秀运动员成才周期缩短。2002—2003 年赛季 NBA 总冠军马刺队主力队员 19 岁法国籍球员帕克的成熟，更让人感觉年龄已不是关键。2003—2004 年赛季 NBA 选秀状元詹姆斯 18 岁，榜眼米利西奇 18 岁，探花安东尼 19 岁，第四名波什 19 岁，足以说明现代篮球运动发展趋势呈"年轻化"发展，同时，也为我国篮球的发展提供了参考和借鉴。据统计，在中国，篮球人口占全国总人口的 19%，超过 4 亿人，充分说明中国有着非常好的群众篮球基础。邓小平同志曾经指出："足球要从娃娃抓起。"这个道理同样适用于在中国普及最广的篮球运动，狠抓青少年篮球训练是提高成绩的途径，必须要重视青少年的篮球训练，使青年优秀篮球运动员脱颖而出[①]。

老运动员保持良好的竞技状态，不管是在退役运动员中还是在现役运动员中我们都不难发现，35 岁以上的运动员，比比皆是，其场上的运动表现一点不输于年轻运动员，这是由于常年坚持科学化训练，保持良好的竞技状态，可使运动员的运动寿命延长。美国 NBA 著名球星"天钩"贾巴尔 42 岁，助攻、抢断王斯托顿克 41 岁退役；原爵士队主力大前锋卡尔·马龙 40 岁仍驰骋在 NBA 赛场上，2003—2004 年赛季对卫冕冠军马刺队一仗，"篮板、助功、得分"均过两位数，拿下"三双"，为湖人队战胜马刺队立下了汗马功劳。世界优秀篮球运动员是宝贵的资源，他们运动寿命的延长，不仅使篮球比赛更加精彩，提高了观赏价值，而且还可以把他们高超的技艺和宝贵的经验传给年轻一代，为篮球运动的发展添砖加瓦。

（六）高水平的综合抗衡

现代篮球比赛大部分持球技术的运用都是在对抗中完成的。表 1-3 是历届奥运会男篮比赛在对抗情况下技术运用的对照表，不难看出，次对抗和弱对抗所占比例较小，大部分技术运用都是在强对抗的情况下完成的。用脑子打球，用智慧取胜，熟知篮球运动的规律，掌握篮球的制胜因素；要扬长避短，出奇制胜，尽量发挥本方特长，有效限制对手技术特点的发挥；要适应对手和环境条件，善于变化，灵活地运用技战术，做到立于不败之地。现代篮球比赛心理对抗主要表现在意志顽强，打不垮，托不乱；行动果断，情绪稳定；比分领先不放松，比分落后不气馁；在激烈的对抗中镇定自若，攻而不起怒，攻而不是暴，具备坚定的自信心。

---

① 王兴林. 大学体育与健康［M］. 南京：南京大学出版社，2004.

表 1-3　历届奥运会对抗情况下技术应用对照表　　　　　　单位:%

对抗强度	传球	投篮	运球
强对抗	72.5	71.3	55.8
次对抗	19.4	12.5	17.4
弱对抗	12.7	18.6	32.6

第二章　现代篮球运动技术战术结构原理

篮球运动的发展变化，其根本就是篮球运动技术结构、基本原理的变化。无论篮球运动如何变革，都与技术有着千丝万缕的联系，也都必然遵守由低级到高级、由简单到复杂、由低强度对抗到高强度对抗的演变过程。在篮球运动的发展过程中，技术的发展是最活跃、最积极和最有推动力的根本因素之一。单从概念的角度来诠释的话，"篮球技术"与"运动员篮球技术"存在一定的差异，二者在篮球比赛中互有联系和区别，主要体现在基本概念、内涵、评价标准上。技术动作要靠运动员来施展，它属于个人技术的载体，是运动员个人技术最基本的表现形式。只有经过千锤百炼的各种技术动作，才能在比赛中表现出运动员的技术。在技术教学训练的实践中，教师、教练员需根据学生、运动员的体能条件、战术基础、心理品质及智能等各方面的实际状况，为达到训练和比赛的目标采取各种训练方法、手段，将各种单元的、组合的、衔接的技术动作转化为学生、运动员的技术，这一转化过程即是篮球技术教学和训练的核心。

第一节　篮球运动基本技术类型与训练理论

一、篮球运动基本技术类型

篮球运动的基本技术结构主要是由传、运、接三部分组成的，其中最关键的技术环节就是移动技术，移动技术贯穿于篮球运动比赛、教学等全过程，它是篮球运动的核心技术，为此，以下笔者将针对篮球运动的移动技术，详细地进行分解和剖析。

（一）移动技术要领

1. 基本脚步

脚步动作是通过前脚掌的蹬地、碾地或脚跟先着地的制动等动作，使力作用于地面产生的反作用力来实现的。而脚给地面的作用力和来自腿部伸展的力是分不开的，即膝、踝关节预先弯曲到一定的角度，与此同时，腰、胯协调用力，配合或加大地面的作用力，并利用地面的支撑反作用力克服人体重力和惯性，来保证身体平衡和中心的控制与转移，从而使人体获得起动、起跳、旋转、制动等位移的变化。各种脚步动作虽然主要是下肢髋、膝、踝关节肌肉合理的动作过程，但也离不开其他部位动作的协调配合，特别是腰、胯用力的配合，它对带动上体，使动作协调配合，调整或转移身体重心，保证人体主力集中到力点并与地面的反作用力很好地结合，都起着很重要的作用[①]。同时，上肢应协同动作，以便更好地保证各种脚步动作的协调、快速性和实效性。

2. 站立姿势

队员在场上需要有一个既稳定又机动的准备姿势，用来保持身体平衡和有较大的应变性，以利于迅速、协调地进行移动，去完成各种行动。准备姿势是两脚前后开立，两脚间的距离与肩同宽，脚掌着地，两膝微曲（大、小腿之间的角度大约在135°），身体重心的投影点（以下简称中心）落在两脚之间，上体微向前倾，两臂屈肘自然下垂置于体侧（准备接球或持球），两眼注视场上情况。

（二）移动技术组成

1. 运动类动作

（1）原地起动（图2-1）。它是改变静止状态的一种动作。在攻守中突然起动，是摆脱和抢占有利位置的重要方法。向前起动时，重心前移，上体前倾，后脚用力蹬地，起动后前两三步要短促、迅速。向侧方移动时，向跑的方向移动重心，异侧用力蹬地，同时上体迅速向起动方向侧转和前倾。从基本站立姿势开始，起动时，身体重心迅速向跑动方向移动，上体前倾或侧转，同时用后脚或异侧脚的前脚掌内侧短促有力地蹬地，手臂协调地配合摆动，充分利用蹬地的反作用力，迅速向跑动方向迈出，起动后的前两三步要小而快。

（2）加减变速移动。变速跑是指队员在跑动中利用速度的变化来争取主动的一种方法。加速时，两臂快速摆，利用两脚突然短促而有力地连续蹬地，加快频率，同时上体稍向前倾，快速前移重心；减速时，利用前脚掌用力抵地减缓快跑时产生的前冲力，同时直起上体，减慢频率，稍稍加大步幅，保证身体重心的后移，从而降低跑速。

（3）侧身移动。比赛时队员在跑动中为了抢位和接球常采用侧身跑，此方法便于观察场上的情况和接球，侧转上体。其动作方法是，在跑进过程中，头部和上体侧转

---

① 张林.职业体育俱乐部运行机制［M］.北京：人民体育出版社，2001.

图 2-1 原地启动

向同伴和有球的方向，而脚尖始终保持朝着前进方向。

（4）背向移动。背向移动也称为后退跑，是场上队员背对前进方向，为了便于观察场上攻守变化情况的一种跑动方法。跑动时，两脚提踵，用前脚掌交替蹬地向后跑动，上体放松直起，两臂屈肘配合摆动，保持身体重心的移动和平衡，两眼平视前方，注重观察场上的情况。

（5）反向移动。反向移动是场上队员在跑动中突然改变移动方向，来摆脱防守或堵截进攻队员的一种跑动方法。跑动时，在最后一步脚着地的瞬间，脚尖稍内扣，用前脚掌内侧用力蹬地，屈膝，腰部随之左或右转，快速移动身体重心，这一步一定要快，要突然，后脚迅速随之跨出，继续加速向前进方向跑出（图 2-2）

图 2-2 反向移动

2. 跨步技术动作

跨步是一种起步的动作方法。它的动作方法是以一脚为中枢脚，另一脚向前或向侧方跨出，以便衔接其他技术动作。其主要用于持球突破超越对手，也可作为过渡动作或假动作，可分为异侧步、同侧步和后撤步，主要分为以下几种。

（1）异侧步。跨步时，两膝弯曲，左脚或右脚前脚掌用力蹬碾地，以一脚为中枢脚，另一脚向中枢脚的异侧前方跨出，上体随之前倾做转体侧身探肩动作。

（2）同侧步。跨步时，两膝弯曲，左脚或右脚前脚掌用力碾地，同侧方向的脚同时向左或右前方跨出，上体随之侧前倾转体探肩。

（3）后撤步。后撤步是防守持球姿势时常用的脚步移动动作，是变前脚为后脚的一种起步方法，防守队员为了保持有利位置，特别是当进攻队员从自己前脚一侧突破或摆脱时，防守者必须迅速用后撤步移动堵截其进攻移动路线，并与滑步、交叉步、跑等动作结合运用。撤步时，用前脚掌内侧蹬地，撤髋转腰，腰部用力向后转动，前脚后撤，向侧后方跨步。另一脚的前脚掌做蹬碾地的动作，当前脚后撤着地后，紧接着滑步，保持身体平衡与正常防守姿势。注意后撤角度不宜过大，动作要快，身体重心不要起伏，要稳。

3. 急停类技术动作

急停是场上队员在跑动过程中突然制动速度的一种动作方法，它也是各种脚步动作衔接和变化的过渡动作。在篮球比赛中，急停多用于改变方向，切入或快速起跳投篮等，所以更多的是与其他技术动作结合在一起运用。急停的动作方法有以下两种。

（1）一步急停

场上队员在中慢速跑动时，用单脚或双脚起跳，两脚平行同时落地，上体稍后仰，两膝深屈，身体重心下降；落地时全脚掌着地，用前脚掌内侧蹬住地面，重心落在两脚之间，两臂屈肘微张，以保持身体平衡。要求起跳时，一般离地面不要太高。

（2）两步急停

两步急停或两节拍急停，即在快速跑动中，向前先跨出一大步，用脚跟先着地过渡到前脚掌蹬地，并迅速屈膝，后移降低重心，同时身体微向后仰；然后，再跨出另一脚，第二步落地时，脚尖稍内扣，用前脚掌内侧蹬住地面，两膝弯曲，身体稍向侧转，微前倾，重心下降移至两脚之间，两臂屈肘时自然张开，协助控制身体平衡。

4. 滑步技术

滑步是场上队员防守移动的一种主要方法，其特点是易于保持身体平衡，可向任意方向移动，有利于堵截对手的进攻移动路线。

（1）后滑步。后滑步动作的方法与前滑步相同，只是向后方移动，不带攻击性，主要用于堵截对手进攻移动路线。

（2）滑步跳。多用于外线防守，其动作方法是：两脚开立，稍比肩同宽，两膝保持弯曲，移动时，不停顿地用前脚掌蹬地，用小而快的步伐向左、右、前、后移动。移动时步幅要小，保持平步防守姿势，上体不要起伏。

（3）平行滑步。两脚左右平行开立，两膝较深弯曲，上体微向前倾，两臂侧伸。向左侧滑步时，右脚前脚掌内侧用力蹬地，左脚沿地面向左（移动方向）跨出，在落地的同时，右脚紧随滑动，向左脚靠拢，有一左、右脚平行换位过程。左脚继续向左侧跨出。滑动时，要保持屈膝低重心的姿势，切忌身体上下起伏，保持平稳，重心落在两脚之间，两眼要注视对手，余光留神两侧前来掩护的队员。向右侧滑步时脚步动作则相反（图 2-3）。

图 2-3　平行滑步

（4）攻击步。从两脚前后站立姿势开始，前脚向前滑动时，后脚的前脚掌内侧用力蹬地，推动身体前移，前脚向前跨步，着地时，后脚紧随向前滑动，保持前后开立姿势，两臂保持前后侧伸姿势，防守时带有一定的攻击性（图 2-4）。

图 2-4　攻击步

5. 跳类技术

跳是篮球运动员在比赛中为了争取空间的高度和远度的一种动作方法。在篮球运动中，许多技术动作都需要队员在空中去完成。它主要有单脚起跳和双脚起跳两种。

（1）单脚起跳。起跳时，起跳腿微屈髋前送，脚跟先着地，迅速过渡到前脚掌着地，用力蹬地，同时提腰，加速摆臂；另一腿屈膝积极上摆，借以帮助重心上移；当身体上升到最高点时，摆动腿自然放下与起跳腿合并自然伸直，使腾空动作协调；落地时，用前脚掌落地，双脚自然分开，注意屈膝缓冲，以便迅速衔接其他技术动作。单脚起跳多用于有助跑的情况下。

（2）双脚起跳。起跳时，两脚开立，屈膝下蹲，上体前倾，两臂迅速后摆，重心移至前脚掌，然后两脚用力蹬地，伸膝，提腰，两臂加速向上摆，上体向空中自然伸展，使身体向上腾起。在空中要稍收腹，下肢放松，落地时，用前脚掌着地，并屈膝缓冲身体下落的重力，维持身体平衡，两脚自然开立，以便连接完成下一动作。双脚起跳多用于原地起跳或上步、并步、跳步等情况下。

（三）传球、接球、运球技术的组成

传球与接球是篮球技术中的重要内容之一，熟练地接球和及时准确地传球能密切队员在进攻中的相互关系，并能为获得良好的进攻时机创造有利条件，它是篮球运动所有组织配合以及战术体系的纽带和桥梁。

1. 传球

传球和接球一样，是篮球运动中运用最多的一项重要技术，是篮球比赛中进攻队员之间有目的地转移球的方法，是衡量运动员支配球的能力的一项标志，是进攻队员在场上相互联系和进攻形成战术配合的纽带，也是实现战术配合目的的具体手段。传球技术掌握得好坏，将直接影响战术质量的优劣和比赛的胜负。准确、及时、隐蔽、多变的传球，能给同伴创造良好的进攻机会，打乱对方的防御部署。它的技术结构是由出球手法、球飞行路线和球的落点三部分组成的。

（1）单手肩上传球

双手在胸前持球，双脚保持平行站立，传球时（以右手传球为例）左脚向传球的方向迈出半步的距离，右手托住篮球，然后将球逐渐过渡到右肩的上方，肘部向外展，上臂与地面接近于平行的状态，手腕向后仰。左肩应该与传球的方向相对，用右脚来支撑身体的重量，右脚蹬地并转动身体，右前臂迅速向前进行挥摆，手腕前屈，通过食指、中指的拨动把手中的篮球传出去（图2-5）。

图 2-5 单手肩上传球

（2）双手胸前传球

上部位持球，手心空出。两肘在身体两侧保持自然弯曲，持球置于胸腹之间，身体保持基本站立的姿势。传球时在后脚蹬地、身体重心前移的同时前臂迅速向传球方向伸出，拇指用力下压，手腕前屈，食指与中指用力拨球把球传给队友。

2. 接球

接球是篮球运动中的重要技术之一，其目的是获得球和控制球，是抢篮板球和抢

断得球的基础，也是衔接运球、投篮、传球等技术的关键，主要接球技术分为单手接球和双手接球两种。

（1）单手接球

单手接球控制的范围大，能接不同方向的来球，特别是接高空球和距身体较远的来球有较大优势，但不如双手接球平稳。接球时，五指自然分开，掌腕微屈成勺形，接球的手臂向来球方向伸出，两眼注视来球，当球触到手指时，手臂顺势随球下引并向内收，另一手迅速跟上护球，双手将球拉至胸腹之间，保持持球姿势，见图2-6所示。

图 2-6 右手单手接球

（2）双手接球

双手接球是一种最基本的接球方法，也是在篮球比赛中运用最多的动作方法之一。接球时，五指自然分开，两拇指相对成"八"字形，掌心斜向前成半圆形，以掌外侧小拇指一侧斜对球，两臂伸出主动迎球，两眼注视来球，当手指触球时，手腕内屈，两臂随来球迅速后引以缓冲来球的力量，两手握球于胸腹之间，并注意保护球，保持身体平衡和衔接其他技术动作。其优点是握球平稳，易于转换其他动作。

3. 运球

身体姿势：两膝保持相应的弯曲，上体稍向前倾，抬头，注意观察场上的情况。上肢动作，以肩关节为轴，上臂带动前臂发力，肘关节自然放松，运球的手五指自然分开，扩大控球面，用手指、指根以上部位及手掌的外缘接触球，掌心内凹，按拍球时手心空出。按拍球的部位由运球的方向和速度来决定。按拍球部位不同，球的落点就不同，球的入射角与反射角也不同。按拍球的力量大小，决定着球从地面反弹的高度与速度。按拍球时手应随球上下迎送，尽量延长吸附球的时间，这样有利于控制支配和保护球，便于改变运球动作和观察场上情况。

（四）篮球进攻技术的组成

进攻技术是指篮球比赛中具有进攻效果的、实用的动作及动作多元组合。在篮球比赛中，队员经常运用两个或两个以上的单个技术动作组成的动作系列去完成具体的进攻任务。其实这些动作是运动员在比赛中灵活运用总结出来的有效动作方法，是篮球技术教学、训练所企求的，也是他们创造性实践的结果，亦称组合技术。

投篮是指队员在场上将球投入篮筐的专门技术动作，是篮球比赛中完成进攻目的——得分的关键性技术和唯一手段，是所有进攻技战术的最终目的和全部攻守矛盾的焦点。因此，要加强投篮技术的教学和训练。正确掌握并熟练运用投篮技术，不断提高投篮命中率，是对篮球教学和训练的最基本要求。

决定投篮命中率的因素很多，它包括心理因素、持球方法、瞄篮点、协调用力、出手角度与出手速度、出手动作、抛物线、球的旋转、入篮角、外界因素影响等诸多环节，各环节又相互联系和相互影响。因此，投篮动作要做到身体各部分协调配合，各技术环节连贯正确。特别是良好的心理因素，对提高投篮命中率起着不可忽视的作用和效果。

1. 定点持球投篮

（1）单手肩上投篮是比赛中应用得最广泛的投篮方式，是基本的单手投篮方法，其他各种单手投篮动作大都由此演变而来。它具有出手高、变化多，便于结合和转换其他攻击动作，以及适用于不同位置和距离的特点。其动作方法是双脚原地平行或稍前后开立，右脚稍前，身体重心落在两脚之间，屈肘，手腕后仰，掌心向上，五指自然分开，前臂与地面接近垂直，持球于右眼前上方，左手扶球的左侧下方。两膝微屈，上体放松并稍后仰，目视瞄准点。投篮时，下肢蹬伸，脚趾发力，同时依势伸腰展腹，抬肘上伸前臂，手腕用力前屈，以食、中指拨球，最后使球从食、中指指端投出，身体重心随球上升，有自然跟进动作，见图 2-7 所示。

图 2-7　单手肩上投篮

（2）原地双手胸前投篮是篮球运动使用较早的一种投篮方法，适用于中、远距离投篮，女队员采用这种方法的较多。它的优点是出手快、隐蔽性较大，便于同传球、持球突破等技术动作结合，使防守者难以做出正确的封盖判断。其动作方法是：站立姿势，持球方法与双手胸传球动作基本相同。投篮时，眼看瞄准点，两脚蹬地，伸展腰腹，两臂向前上方伸出，两手腕同时外翻，拇指下压，食指、中指拨球，使球从拇指、食指、中指指尖投出，球向内旋。两手用力应均匀、对称、柔和，发力要协调。腿、腰、臂随出球方向自然伸直，脚跟提起。

2. 移动中的投篮

移动中的单手肩上投篮是篮球比赛中广泛应用的一种投篮方法，是在快速移动中接球后或运球后做近距离投篮时所采用的一种方法。一般多在快攻或切入篮下运用，俗称"三步篮"或跑动投篮。其最基本的动作是单手肩上投篮，当球在空中时，右脚向投篮方向跨出一大步，同时伸臂接球，右脚着地后，左脚向前跨出一小步，脚跟先着地，上体稍后仰，然后迅速过渡到前脚掌着地，并用力蹬地起跳，右腿屈膝上提，左脚蹬离地面。同时，双手向前上方举球，腾空后，右臂继续向前上方伸展，左臂离开球做好保护动作，当接近最高点时，右手腕前屈，食指、中指用力拨球，通过指端将球投出。投球出手后，两脚同时落地，两腿弯曲，以便缓冲落地的力量。

3. 无球摆脱与切入

摆脱是甩开对手的一种快速移动方法，目的是占据有利位置去获得球，切入或吸引牵制对方，这是实现进攻意图的第一步。摆脱是移动动作和假动作组合，是队员无球时必备的行动能力。它可以结合快速起动、虚晃起动、下压后撤、急停急起、变向转身等组合动作去主动选择位置，达到摆脱防守对手的目的。摆脱时要掌握时机，动作要突然，不动则罢，动则惊人，迫使对手失控而争取主动，例如，下压摆脱（图 2-8）。

图 2-8　无球摆脱

切入（图 2-9）是快速向篮下移动的方法。摆脱是切入的前提，切就是快，快如刀切；入就是向篮下腹地，向有效攻击区深入，目的是得球进攻。切入是摆脱与快跑、侧身跑等技术动作的组合，也是无球队员进攻时必备的场上意识和行动能力。切入有纵切、横切、背切、绕切等。切入的关键是起动后的加速，始终领先于对手的位置，占据主动，随时准备接同伴传来的球，以便得球攻击得分。例如，背切，摆脱切入者都要掌握时机，快速而果断，运用中要有谋略，做到动静结合、快慢结合、真假结合，真谓动静皆风云。起动时要观察和分析对手位置与重心转移，动作要突然、快速、连贯。注意摆脱后动作的衔接、切入后行动的选择与处理，目的要明确，不盲目乱动。

图 2-9　切入

二、技术训练的基本理论

在篮球运动的发展过程中，技术的发展是最活跃、最积极和最具推动力的根本因素之一。篮球运动的每一次变革、每一次飞跃，都与技术的发展密切相关。它经历了由低级到高级、由简单到复杂、由低强度对抗到高强度对抗的演变历程，是推动篮球运动发展的原动力。篮球技术动作与篮球运动员所具有的技术是两个不同的概念，两者的内涵、外延与评价标准都存在差别。它们之间既有联系又有区别，技术动作是运动员个人技术的表现形式，是个人技术的载体，个人技术是动作的内在属性、内在根据，运动员的技术必须通过动作表现出来。只有经过千锤百炼的各种技术动作，才能在比赛中表现出运动员的技术。在技术教学训练的实践中，教师、教练员需根据学生、运动员的体能条件、战术基础、心理品质及智能等各方面的实际状况，为达到训练和比赛的目标采取各种训练方法、手段，将各种单元的、组合的、衔接的技术动作转化为学生、运动员的技术，这一转化过程即是篮球技术教学和训练的核心。

（一）篮球技术训练的内涵

在篮球运动中，篮球技术的教学与训练是学生、运动员在教师、教练员的指导下学习、掌握技术动作，熟练技术，促进运动员技术全面发展的教育过程。它是教师、教练员的"教"与学生和运动员的"学"及"练"的双边活动过程，其本质是掌握篮球技术的知识和技能。在这一过程中，必须遵循体育教学和运动训练的规律和原则，重点在于教师、教练员要根据学生、运动员所具备的技术水平，有针对性地加以运用与实施。例如，在学习、掌握技术动作的初级阶段，教师、教练员关注的重点在于有关运动技能学习的教育学原理与原则，而在学生、运动员处于需要取得优异运动成绩、争取比赛胜利的竞技能力提高阶段，教师、教练员更多关注的是运动训练学的原理与原则。两者是相辅相成的，相互交织在一起，既有区别又有联系。

（二）篮球技术训练的基本理论

1. 周期训练理论

周期训练理论，是训练安排和制订训练计划的基础。周期训练理论的提出源于人们对运动训练规律的深刻认识，其依据是训练适应性的形成规律、竞技状态发展规律、疲劳与恢复规律。周期性运动训练过程以循环往返、周而复始的方式进行，每一个循环往返不是简单的重复，而是在前一个循环的基础上不断提高训练的要求，从而使运动员不断提高竞技能力与水平。

2. 训练调控理论

身体机能在运动活动之后的恢复过程具有时值不等现象，即机体各种机能的恢复和超量恢复不是同时发生的。根据恢复过程的规律，在运动训练实践中会出现两种不同的恢复类型。一种是完全恢复，指负荷后人体机能恢复到或超过原有水平时进行下一次训练。完全恢复用于下列训练过程：①协调和注意力集中训练；②最大力量训练；③反应和速度训练；④技术训练；⑤比赛练习。另一种是不完全恢复，指负荷后人体机能已大部分恢复，但尚未达到原有水平时进行下一次训练。不完全恢复用于下列训练过程：①速度耐力训练；②力量耐力训练；③专项耐力训练；④意志力训练。

（三）针对性心理训练

在篮球运动中，重要的针对性心理训练包括：①放松训练。放松训练时通过一定的放松集中注意力，调节呼吸，使肌肉逐渐得到充分放松，从而调节中枢神经系统的兴奋水平，缓解紧张情绪，增强大脑对全身的控制支配能力。[1] ②认知调节训练，包括合理情绪训练和暗示训练。这种认知调节训练，就是要提高运动员对情境评价与处理问题的能力，以便在复杂的比赛情况下依靠运动员自己解决问题。③系统脱敏训练。

---

[1] 王兴林. 大学体育与健康 [M]. 南京：南京大学出版社，2004.

系统脱敏训练是心理治疗中的行为治疗方法之一，适用于特殊领域的焦虑和恐惧症。在体育运动领域，运用系统脱敏训练可以帮助运动员解决一些赛前焦虑等情绪问题。对于这些专门的心理训练手段，教练员可以根据需要选用，并参考有关专著或咨询心理专家进行。

三、篮球技术体系的评价

通过篮球技术的不断教学、训练及实战过程，广大篮球受众对"技术概念"的理解发生了变化：浅—深—感性—理性—片面—全面，并且根据这个认识历程把技术划分为基础技术、技术动作、基本功、组合技术、对抗技术等有关技术概念的术语，这些概念、术语从不同的侧面、不同的角度、不同的层次揭示了篮球运动中技术本身所具有的动作表现形式特性和运用特性这一本质属性。从这些概念的比较中可以看出，人们已经把对篮球技术的理解，由初期的只注重对动作本身的描述而忽视对技术运用的理解，上升到动作方法和实际运用这样一个认识程度，形成了对技术属性的多方面认识。但是，人们在谈论篮球技术一词时有时指的是技术动作，而有时指的是运动员的技术运用，常常存在概念转移或同一名词在不同的场景具有不同含义之类的问题。作为篮球技术基本理论的研究，对这一现象需加以澄清。因为事物的本质属性是从其概念中反映出来的，概念是思维的逻辑细胞，是思维的出发点、思维的基本单位，没有概念就无法思维，也不会有科学地运用概念去指导训练实践所产生的巨大辐射作用，认识篮球运动员技术训练的本质，首先必须掌握其概念，对于建立篮球技术训练理论体系和提高技术训练水平具有重要意义。

运动员技术系统特性是指运动员技术系统的主客一体性，技术一词来源于自然科学。自然辩证法原理对技术概念一词的定义是："技术是人们为了特定的目的所应用的一种手段和方法。这种手段和方法包括物质手段（工具和设备）、知识、经验和技能以及组织形式等等。这些客观的物质手段和主观的精神因素相互结合组合成一个技术系统。人们为了寻找达到某个技术目的的新技术，就需要研究组成这个技术系统的各个要素，改变这个技术系统的结构，提高这个技术系统的整体功能。"在自然科学中，技术的客观物质手段与主观的精神因素可以加以区分，并能够分别得到加强。然而在体育运动中，引用技术这一概念对运动员的体育表现加以评定，就必须注意到体育运动本身的特殊性，它必须通过自身的身体练习来达到提高技术系统各要素的功能，从而表现个体的技术水平。

第二节　篮球战术的设计与运用

　　篮球运动作为高校体育运动的重要组成部分，有着非常重要的地位。篮球运动在高校中之所以受到学生的广泛欢迎与喜爱，不仅与其简单易行的特点及显著的健身价值有着密切的关系，还与其丰富多样的技术和灵活多变的战术有关。可以说，战术的运用程度能够将学生篮球运动的综合水平反映出来。本章主要对篮球运动基础战术配合、快攻战术、半场人盯人战术、全场紧逼战术以及区域联防战术的学练方法进行分析和阐述，从而为学生更好地提高战术运用水平起到积极的指导作用。

一、篮球战术设计的依据与原则

　　篮球战术设计的依据主要是：第一，符合现代篮球战术发展的方向；第二，符合本队的战术指导思想；第三，符合本队实际情况。依据以上三点设计本队篮球战术的打法时，还必须遵循以下几个原则。

（一）连续性原则

　　要使所设计的战术具有更大的威力，战术攻击必须要有连续性。战术攻击的连续性，是指在一套进攻战术中一个攻击不能奏效（被对方破坏）时，还能转移到第二个、第三个甚至第四个攻击点，直至攻击结束为止。这样设计的战术，能够连续不断地创造攻击机会，不给对方以喘息的时间，易于达到攻击成功的效果。

（二）灵活性原则

　　灵活性指的是在坚持以自己的战术指导思想所设计的打法和贯彻所选择的战术方法为主的情况下，要考虑竞赛环境、比赛对手、竞赛规则等的改变而辅以其他一些应变的措施，根据具体情况，灵活多变地运用。如在设计进攻战术时就要考虑"一点多变"，就是在一点攻击上要有多种变化：一是在一点攻击上的局部配合，能根据不同的防守情况完成攻击的"多变"，二是在一点攻击上形成配合方向上的"多变"（如中锋定位掩护，切入者可从中锋的左或右侧形成），三是在一点攻击上形成配合方式上的"多变"，如战术中的右侧为策应配合，在完成时可以变为运球掩护或后掩护的方式。这几种变化形式，构成了战术中攻击点上的灵活性。因为这些变化增加了完成攻击的机会，给对方的防守造成更大的威胁。所以，灵活多变是设计战术不可忽视的一个重要原则。

（三）目的性原则

战术设计应有明确的目标，既要攻守相对，又要针对对手在战术结构与环节上以己之长攻彼之短。按队的实际情况设计战术，还要富有创造性。既要根据本队的情况设计新的战术形式，又要在实践检验过程中不断改革完善所设计的攻守战术，还要合理地使用和组织队员。按队员的特点（长处）有目的地、合理地把他们组织在不同位置上，设计不同的配合形式，使队员的特长得到发挥，以利于提高完成战术的质量。但是，对队员在完成战术过程中的位置变化不应限制过死，而应该积极提倡和鼓励队员在位置不断变化中仍能施展自己的特长。因为，当前篮球攻守战术发展的一个重要方面，是在"动"中完成攻击。如果对队员位置变化限制过严，不但会影响队员能力的全面发展与提高，也会使战术显得单调、死板。

二、篮球战术运用

（一）知己知彼，科学合理地选择确定战略战术

《孙子·谋攻》说："知己知彼者，百战不殆；不知彼而知己，一胜一负；不知彼，不知己，每战必殆。"篮球竞赛中，彻底而全面地了解本方与对手的各种信息，是克敌制胜的必要条件。在此基础上，确定战术指导思想，科学选择合理有效的攻守战术。教练员和运动员必须清楚地了解战术的全部过程，建立完整的战术概念，熟练掌握战术运用方法。

（二）注重战术实施过程中各个环节的衔接和转换

篮球战术实施，不论是在进攻或防守过程中，都是由开始组织、配合攻击、结束转换三个阶段构成。但不论是进攻还是防守的各个阶段的行动程序，在比赛中并不是一成不变的。由于比赛情况的复杂多变，时机的出现有其必然性和偶然性，个人与集体对抗的积极性、本方与对方的失误等都有可能出现直接攻篮或获球而导致攻守的变化。因此，为了更好地实现战术意图，控制比赛进程与节奏，达到实效的目的，明确所运用的战术方法在攻守过程中如何衔接、如何转换、如何应变，是十分必要的。

（三）攻守兼顾，全面考虑

赛前战术准备中教练员需要认真分析思考，根据本队与对方的具体情况，有针对性地制订比赛中实施多种攻守战术的方案，既要注重进攻战术的运用实效，又要注重防守战术对取得胜利的重要性。掌握攻守转化和战术综合运用能力。在领会战术方法的基础上，完善攻防间相互转换的水平和质量，掌握和提高战术的综合运用能力。

（四）审时度势，随机应变，善于捕捉战机

现代篮球比赛对抗激烈，情况复杂，具有较大的随机性和不确定性，因此，队员在比赛中要善于根据不同的态势，因势利导，随机应变。比赛中的战术应变是战术运用的核心和灵魂，切忌按固定的模式以不变的战术打法束缚自己的行动和对付多变的局面。所以，在临场战术运用中，教练员和运动员都应该根据情况的变化，做到随机应变，捕捉稍纵即逝的战机。

第三节　篮球运动心理训练

一、训练的构成及其关系

现代篮球运动训练体系包括体能训练、技术训练、战术训练和心理训练。理论上的体系构成并不意味着各部分是相互独立的。在训练实践中，是相互交叉、相辅相成的。脱离技战术特点的体能训练是盲目的、无效的；脱离战术背景的技术训练只是简单的身体操练；战术训练也包含着体能和技术的综合训练。心理训练则是渗透到其他训练过程的各个环节及各种训练过程中，心理训练的侧重有所不同。体能训练是枯燥的，需要运动员保持积极的心态、高度的自制力、坚韧性和顽强性，因此，体能训练也是培养运动员意志品质和情绪的最佳时机；技术训练是运动员形成专项知觉的主要过程，也是进行表象训练的有利时机，同时要注意培养运动员良好的思维品质，使所学技术能学以致用；战术训练就是思维训练的过程，除进行个人思维训练外，更重要的是进行集体思维训练。同时，要通过完成共同的战术训练目的培养团队的凝聚力。

二、篮球心理训练原则

(一) 自觉性原则

自觉性原则包括两方面的含义：一是指教练员自觉地运用心理训练；二是指运动员自觉地接受和进行心理训练，不可否认，一些教练员在训练中也采用过一些方法对运动员进行心理训练，并取得了一些效果。但大多数还是根据自己的经验自发地或被动地采用心理训练。例如，有些教练员在看到运动员遇到困难时不能坚持下去，缺乏顽强拼搏精神，才意识到要对运动员进行意志品质的训练；有些是在运动员因为情绪紧张而比赛失败后，才想到要在赛前为运动员请一位运动心理学专家来帮助其解决心理问题。教练员必须明白，对运动员的心理训练最理想的方式是由教练员自己负责实施[①]。教练员传授和提高技能和进行心理训练，就像每天传授和提高运动员的体能和技战术水平一样，要有意识、有计划地自觉进行。同事、教练员对心理训练的投入也会直接影响运动员对心理训练的投入。

另外，心理训练的效果很大程度上取决于运动员的自觉积极性。被动地接受心理训练或应付式的执行不会有好的效果。在激发运动员对心理训练的自觉积极性时，首先要让运动员掌握心理学的有关知识，了解心理活动规律，充分认识心理训练的作用，从而掌握心理训练方法，自觉积极地进行训练。其次是教练员的反馈和激励，并要做好启发和诱导工作。

(二) 长期性、系统性原则

有些教练员认识到了心理训练的重要性，但由于缺乏对心理训练的系统了解，在安排心理训练的时间时，认为在青少年时可以抽出 20％ 的训练时数进行心理训练；对高水平运动员抽出 80％ 的时数用于心理训练。这是对心理训练时间安排的一种片面理解。还有些教练员和运动员在心理训练方面仅仅做出了一点点努力就想收到惊人的效果，有些运动员只尝试了几次放松训练、想象训练，只上过几次心理课，他们就不干了，因为没有收到立竿见影的效果，他们甚至怀疑心理训练的作用。这种功利化的期望就像一年内要训练出世界冠军一样是不现实的。也有些教练员对心理训练的理解仅局限于像放松训练、表象训练等对个别具体方法的掌握和应用上。应该指出，教练员

---

① 胡加时 . 在纪念篮球运动传入中国 110 周年庆典上的讲话 [Z] . 2005.

必须认识到心理训练并不是一种速效的兴奋剂，必须付出艰苦的努力来发展心理技能。心理训练也是一项长期的工作。教练员必须完整理解、全面系统地贯彻对运动员的心理训练，而不是个别零散地选用，只有这样才能收到心理训练的整体效果

（三）与体能、专项技战术相结合的原则

心理训练是与体能及技战术训练相互依存、相互制约、相互促进的，教练员要像理解自身项目中的体能和技战术一样理解心理训练。把心理训练的内容巧妙地贯穿到身体、技战术训练中去，贯穿到每个正确动作的掌握和对错误动作的纠正中去，贯穿到每一个技术应用及配合中去，使专项训练中渗透着心理训练的内容，成为日常训练中不可缺少的组成部分。

（四）有形与无形相结合的原则

使用具体手段和现代仪器解决具体的心理问题，在运动心理学中被称为有形心理训练。这种训练所采用的手段具体、有形、有色，可直接感知；所用辅助仪器的定量分析细致、可靠，对运动员和教练员都是清楚的、明确的，丝毫无保密的地方。与此相反，还存在另一种形式的训练，即无形心理训练，它着重从认知上改变运动员的看法。此种方法多结合运动训练和比赛进行，甚至在教练员与运动员的生活中自然进行。教练员有意识地进行，而运动员是在不知不觉中自然接受的。无形心理训练着眼于整体性的长期心理调节，不局限于个体心理异常状态的解除，但对于运动员的心理运动发展来说，无形心理训练却起着决定性的作用。在实际训练中，应当将无形心理训练与有形心理训练结合起来，以无形心理训练为基础，以有形心理训练为手段，解决各自的心理障碍。

（五）区别对待原则

进行心理训练时要根据运动员的个人心理差异区别对待。例如，有的运动员属于活泼型，他们的特点为灵活性高，转移能力强，但稳定性较差。有的运动员属于安静型，注意则表现为稳定性好，灵活性不足。教练员应根据运动员注意特点的差异，对前者加强注意稳定性训练，对后者加强注意转移和分配的训练。又如，在比赛中运动员经常产生恐惧、胆怯的心理状态，有的可能由于技术的原因引起，有的可能由于经验不足而引起，有的可能因为困难的存在而引起，等等。必须根据不同原因，采取不同方法或措施，区别对待，帮助运动员克服恐惧、胆怯的心理。

三、篮球心理训练方法

心理训练是一个教育过程，应遵循自觉自愿、重视个体差异、持之以恒的原则，并根据不同对象（性别、年龄、智力水平等）和不同要求，有重点、有区别地进行心理训练，训练要有针对性，特别要注意全面与重点相结合原则，必须与身体、技术、战术等训练有机地结合起来。

运动员心理训练的方法很多，主要有模拟训练、集中注意力训练、意志训练、自信心训练以及自我谈话和放松训练等。

常用的心理训练方法有：

放松训练——通过自我暗示改变肌肉紧张度（使肌肉放松），从而促使心理安定（尤其是情绪安定）的一种心理技能训练，可以有效地应用于运动员的心理训练。放松训练有自我放松法（催眠放松法与调节放松法）和渐进放松法。

表象训练——又称念动训练、想象训练，是指有意识地、积极地利用自己头脑中已形成的运动表象进行回顾、重复、修正、发展和创造自己的动作，从而起到巩固技术动作，提高技术动作和技术的精确度，帮助增强比赛的适应性和调整情绪、提高斗志等作用。

模拟训练——是一种适应性训练，它是人为地设置某些对象、境况、环境等，让运动员在这种条件和环境下进行训练或比赛，使之逐步适应，产生与之对应的抗干扰能力，以利于在正式比赛时保持比较稳定的心理状态。模拟有语言形象的模拟和实景情况的模拟两种，具体做法是模拟对手的特点、模拟比赛时观众的噪声，人为地改变比赛局势、认知压力模拟等。

生物反馈训练——是借助现代电子仪器，显示运动员内脏活动信息，使之与主观感受相联系，从而在一定程度上能反射性地控制内脏活动，以降低紧张程度的一种训练方法。生物反馈训练的特点是使运动员逐渐体验到某种精神状态、姿势、方法与生理变化之间的关系，便于控制内脏活动，使生物变化朝着篮球运动特征需要的方向发展。

催眠术——通过一套语言暗示和动作暗示，作用于运动员的听觉、视觉和触觉，使之介于一种觉醒和睡眠之间的特殊心理状态。催眠在心理训练中的作用在于：它有助于激发精神力量，提高信心，克服紧张和恐惧情绪；有助于学习、校正和提高动作技能，加强人际间的友好关系。

系统脱敏训练——主要用以帮助运动员克服恐惧症和顾虑等。

第三章　现代篮球竞赛规则与裁判法

篮球规则是篮球竞赛的法，它是参加篮球竞赛活动的人员必须遵守的比赛规则、技术标准和行为规范。篮球规则是以法规条文的方式，规定了竞赛的方法和竞赛原则，以及违反这些条例与规定应做出的判罚。其宗旨是提倡公平竞赛、文明竞赛，鼓励积极进取、团结协作、遵守纪律的优良体育道德作风；限制不正当行为和不合理动作，反对野蛮、粗暴的作风与打法，以促进技术、战术的不断发展，从而体现与维护篮球初创时期提出的基本精神、宗旨和目的，促进篮球运动的健康发展。本章针对目前现行的比赛规则和裁判法进行阐述。

第一节　篮球重点规则

篮球规则，作为篮球竞赛的法，具有一定的稳定性和连续性。但这种稳定性和连续性是相对的，随着篮球运动的发展，篮球规则也在相应地修改与变化，以便及时适应篮球运动发展的需要，并通过规则的不断修改与完善，推动与促进篮球运动的普及和提高，增加篮球比赛的观赏性，提高篮球运动的吸引力。国际篮联是制定和修改篮球规则的唯一机构，修改规则也是国际篮联的主要工作之一，通常每隔四年修改一次。

一、比赛通则

（一）比赛时间

比赛由 4 节组成，每节 10 分钟。第 1、2 节为上半时，第 3、4 节为下半时。如在第 4 节比赛时间终了时比分相等，则需要进行一个或多个 5 分钟的决胜期来继续比赛，直到决出比赛的胜负。在第 1 节和第 2 节之间，第 3 节和第 4 节之间以及每一决胜期之间应有 2 分钟的休息时间。半场休息时间为 15 分钟。

（二）比赛开始和结束

1. 在秩序册中命名的第一队（主队）应拥有对着比赛场地的记录台左侧的球队席和它的本方球队。下半时（第3节）交换球篮。决胜期中，球队应向第4节相同的球篮继续比赛。

2. 比赛开始。第1节从中圈跳球开始进行比赛。之后在第1节开始后未在场上获得控制活球的队应开始交替拥有比赛中出现的跳球，由双方球队交替在靠近出现跳球情况的地点掷界外球。在任意一节结束时对下一次交替拥有权的队应在记录台对面的中线的延长部分以掷界外球开始下一节比赛。

3. 结束比赛。计时钟信号响时，一节、决胜期或比赛应结束。

（三）暂停

比赛中只有教练员或助理教练员有权请求中断比赛要登记的暂停。每队在上半时的任何时间可准予2次暂停；下半时的任何时间可准予3次暂停；每一决胜期可准予1次暂停；未用完的暂停不得挪用；每次要登记的暂停时间持续为1分钟。

（四）替换

比赛中只有替补队员有权请求中断比赛要替换。每场比赛每队替换的次数和人数不限。在第4节的最后2分钟或每一决胜期的最后2分钟内，投篮得分时，不允许得分队替换队员。队员在场上发生第5次犯规、受伤和被取消比赛资格必须替换。

（五）比赛因弃权和缺少队员告负

比赛前15分钟，球队不到场或不够5名队员上场，视为弃权，判对方获胜，比分记为20：0，弃权队在名次排列中得0分。比赛中，如果一个队在场上比赛的队员少于2名，判该队告负，此时，如获胜队领先，比赛停止时的比分有效；反之，比分记录为2：0，缺少队员的队在名次排列中得1分。

二、违例

违例是违反规则。其罚则是发生违例的队失去球权，有对方在最靠近违例的地点掷界外球，直接位于篮板后面的地方除外。

（一）运球违例

当队员运球开始后，双手同时触及球或球在一手或双手中停留时为运球结束。队员第 1 次运球结束后不得再次运球，否则判运球违例。

（二）带球走违例

比赛中持球队员用同一脚向任一方向踏出一次或多次，而其另一脚（称为中枢脚）不离开与地面的接触点时为合法移动。否则判其带球走违例。

1. 中枢脚的确定

对在场上接住活球的队员确立中枢脚。队员双脚站在地面上接球时，可用任一脚作为中枢脚，一脚抬起的瞬间，另一脚就成为中枢脚：在移动或运球时，如队员接到球时一脚正触及地面，则该脚为中枢脚；如队员跳起双脚同时落地，一脚抬起的瞬间，则另一脚就成为中枢脚；如队员跳起两脚先后落地，先触及地面的脚是中枢脚。

2. 判定带球走违例

比赛中控制了活球并已确立了中枢脚的队员，出现下列情况可判定带球走违例：进行传球或投篮时，抬起中枢脚，但在球离手前落回地面时；队员开始运球在球离手前抬起中枢脚时；当一名队员持球跌倒在地面上或躺或坐在地面上滑动、滚动或试图站起来时。

（三）球回后场违例

当球进入前场后，控制活球的队员不得使球回到后场，如果控制球队的队员在前场接触了球而使球进入后场，该队的队员在后场又首先接触了球，即为球回后场违例。构成球回后场违例必须具备三个条件：某队在前场控制活球；控制球队使球从前场进入后场；控制球队的队员在后场首先出糗。

（四）时间规则的违例

1. 3 秒钟违例

当某队在前场控制活球并且比赛计时钟正在运行时，该队的队员不得停留在对方的限制区内超过持续的 3 秒钟，否则应判 3 秒钟违例。但以下情况应被默许：队员在限制区内停留接近 3 秒时，可允许他离开限制区或运球投篮；他在限制区内，当他或他的同队队员正在做投篮动作并且球正在离开或恰已离开投篮队员的手时；队员离开限制区时，必须将双脚置于限制区外的地面上。

2. 5 秒违例

罚球队员在裁判员递交球后 5 秒钟没有投篮出手：掷界外球的队员在裁判员递交球后或已将球放在他可处理球的地点后 5 秒钟没有将球掷入球场内；当一名队员在场上正持着活球，这时对方队员处于积极地防守位置，距离不超过 1 米，该队员被严密防守 5 秒钟内没有传、投或运球，均应判 5 秒钟违例。

3. 8 秒钟违例

每当一名进攻队员在他的后场控制活球时，他的队必须在 8 秒钟内使球进入前场，否则应判 8 秒钟违例。

4. 24 秒违例

当一名队员在场上获得控制活球时，他的队必须在 24 秒钟内完成投篮。具备下列条件为构成一次投篮：24 秒钟装置鸣响之前球必须离手；球离手后，球必须触及篮圈或进入篮筐；当 24 秒接近结束时投篮，球已离手在空中飞行时 24 秒钟装置鸣响，如球进入篮筐，此球为投中，如果球触及篮圈但未进入球篮，球仍是活球，没有违例发生，比赛不中断应继续进行。

下列情况 24 秒钟从中断处连续计算：球出界仍由原控制球队掷界外球；裁判员中止比赛以保护受伤队员。

（五）干扰球违例

队员在投篮时，球在飞行中下落并完全在篮圈水平面上进攻或防守队员触球；球在球篮中时，防护队员触球或球篮；球触及篮圈时，攻守队员触及球篮或篮板，均应判干扰球违例。

（六）脚踢球与拳击球

故意踢球、用拳击球或用腿的任何部位阻拦球应判违例，脚或腿偶然碰球不算违例。

三、犯规及罚则

犯规是违反规则的行为，含有身体接触和违反体育道德的举止。犯规可分为侵人犯规和技术犯规。

罚则：由对方掷界外球；如犯规队每节全队累计达 4 次后，罚球 2 次；如被侵犯队员在做投篮动作，投中 2 分或 3 分，加罚一次，不中则罚 2 次或 3 次。

（一）侵人犯规

侵人犯规是队员与对方队员的接触犯规，无论球是活球或是死球。队员不应通过伸展他的手、臂、肘、肩、髋、腿、膝或脚来拉，阻挡，推，撞，绊，阻止对方队员行进，不应该将其身体弯曲成反常的姿势，也不应该放纵任何粗野或猛烈的动作。

罚则：

1. 应给犯规队员登记一次侵人犯规。

2. 如果对没有做投篮动作的队员发生犯规：

（1）由非犯规的队在最靠近违犯的地点掷球入界重新开始比赛。

（2）如果犯规的队处于全队犯规处罚状态时，则应运用全队犯规的处罚条款。

3. 如果对正在做投篮动作的队员发生犯规，应按下列所述判给投篮队员若干罚球：

（1）如果投篮成功，应记得分并判给 1 次追加的罚球。

（2）如果从 2 分投篮区域的投篮不成功，应判给 2 次罚球。

（3）如果从 3 分投篮区域的投篮不成功，应判给 3 次罚球。

（二）双方犯规

是两名互为对方的队员大约同时相互发生侵人犯规的情况。罚则：应给每一犯规队员登记一次侵人犯规，不判给罚球。

（三）违反体育道德的犯规

根据裁判员的判断，一名队员不是在规则的精神和意图的范围内合法地试图去直接抢球，发生的接触犯规是违反体育道德的犯规。

判断违反体育道德的原则：

1. 如果一名队员不努力抢球并发生接触，这是一起违反体育道德的犯规。

2. 如果一名队员在努力抢球中造成过分的接触（严重犯规），则该接触应被判定是违反体育道德的犯规。

3. 如果一名队员正做合法的努力去抢球（正常的争抢）发生了犯规，这不是违反体育道德的犯规。

（四）取消比赛资格的犯规

队员、替补队员、出局的队员、教练员、助理教练员或随队人员的任何恶劣的违反体育道德的行为是取消比赛资格的犯规。

1. 一名队员被登记了2次违反体育道德的犯规时，该队员也应被取消比赛资格。

2. 教练员也应被取消比赛资格，当：

（1）由于他自身违反体育道德行为的结果而被登记了2次技术犯规（'C'）时。

（2）由于球队席人员（助理教练员、替补队员或随队人员）的违反体育道德行为的结果而被累计登记了3次技术犯规（'B'）或3次技术犯规的组合中，其中有一次是登记教练员自身（'C'）时。

3. 如果队员或教练员在（1）或（2）的情况下被取消比赛资格，应只处罚违反体育道德的犯规或技术犯规。对取消比赛资格不执行追加的罚则。

4. 已被取消比赛资格的教练员应由登记在记录表上的助理教练员接替。如果记录表上没有登记助理教练员，应由队长接替。

5. 罚则

（1）应给犯规者登记一次取消比赛资格的犯规。

（2）他应被取消比赛资格并去该队的休息室，且在比赛期间留在那里；或者，他也可以选择离开体育馆。

（3）罚球应判给：

①任一对方队员，就一次非接触犯规来说。

②被犯规的队员，就一次接触犯规来说。

以及随后：

①在记录台对面的中线延长部分掷球入界。

②在中圈跳球开始第1节。

（4）罚球的次数应按如下规定：

①如果对没有做投篮动作的队员发生犯规或如果是一次技术犯规：应判给2次罚球。

②如果对正在做投篮动作的队员发生犯规如果中篮应计得分并加判给1次罚球。

③如果对正在做投篮动作的队员发生犯规并没有得分：应判给2或3次罚球。

（五）技术犯规

1. 技术犯规是包含（但不限于）行为性质的队员非接触犯规。

2. 教练员、助理教练员、替补队员或随队人员的技术犯规是与裁判员、技术代表、记录台人员或对方队员交流中没有礼貌或触犯他们的犯规，或是一次程序上的或管理性质的违犯。

3. 罚则

（1）如果一次技术犯规发生：

①由一名队员，应给他登记一次技术犯规，作为队员犯规并作为全队犯规之一计数。

②由一名教练员（'C'）、助理教练员（'B'）、替补队员（'B'）或随队人员（'B'），给教练员登记一次技术犯规，并不作为全队犯规之一计数。

（2）应判给对方队员 2 次罚球，以及随后：

①在记录台对面的中线延长部分掷球入界。

②在中圈跳球开始第 1 节。

第二节　篮球基础裁判法

一、比赛开始与结束

（一）比赛开始

主裁用握手明确双方队长；主裁与副裁联系；主裁面对记录台在两名跳球队员之间将球垂直抛起；副裁核实拍球是否合法；副裁做开表手势并做前导裁判；主裁做追踪裁判。

（二）比赛结束

当记录台发出比赛结束的信号时，主裁立即鸣哨宣布比赛结束，副裁拿球，两人一起走到记录台。检查计时钟核对记录表，由计时员、30 秒钟计时员、记录员、副裁、主裁依次在记录表上签字。

二、判员的占位和责任

（一）场地责任的划分

追踪裁判重点负责 1、2、3、5、6 区；前导裁判重点负责 4、5、6 区。如图 3-1 所示。

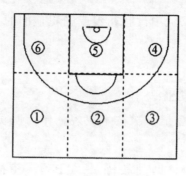

图 3-1

（二）追踪裁判的占位

要在球的左后方站位，离球 3～5 米，并找好视角（队员之间的空间）。

（三）追踪裁判的责任

不断移动，注意插进（球向篮下或端线推进时）；观察球的飞行，判断球是否中篮；负责左侧边线、中线（球回后场的可能性）和 30 秒钟装置；追踪变前导时要侧身跑观察比赛。

（四）前导裁判的占位

快速位于比赛的前方，在其左侧的 3 分线和其右侧的限制区边缘之间的端线外移动。

（五）前导裁判的责任

负责右边线和端线；三分投篮时做出手势；判罚粗野行为（附带的接触不判犯规）。

三、出界和掷球入界

当球出界时，分管裁判立即鸣哨，举手以停止计时钟，指出掷球入界队的比赛方向（看不清哪方使球出界时，可寻求帮助或争球）。裁判员递交球给掷球队员并检查掷球入界的情况，在距违犯最近的边线或端线（篮板后除外）将球掷入界内，球入界做开表手势。另一裁判观察场内其他队员的情况。

四、投篮情况

（一）球的飞行

追踪裁判负责球的飞行，前导裁判观察离开球的情况。宣判裁判决定中篮是否得分。得分队的队员不必触及球，警告不超过 1 次，在第 1 次出现时就可宣判技术犯规。

（二）攻、防中的干扰球

在投篮中，球下落并整体在篮圈之上，在球触及篮圈之前或球明显不会触及篮圈之前，攻、防队员都不得触及球。守方触球得分有效，掷端线球。攻方触球违例，由守方掷边线球。

（三）三分投篮

三分试投，追踪裁判打出试投手势（举起伸出三指的一只手臂）。如果投中，就举起双臂表示成功。队员在 4 区试投 3 分，前导裁判要协助同伴。三分线不是三分投篮区的一部分。

五、手势和程序

（一）手势

指明比赛中发生了什么情况。对任何违犯只需吹 1 次洪亮而干脆的口哨，同时做停表手势（向上伸直手臂，犯规握拳，违例手指伸开并拢）。手势与眼同高、离开身体、在离记录台 6 米至 8 米的空间做出。

（二）违例

负责此违例的裁判：（1）鸣哨停表；（2）指出违例类型（球出界除外）；（3）指出比赛方向。（裁判递交球，掷界外球继续比赛）

（三）犯规

负责此犯规的裁判员：（1）鸣哨停表，另一臂指向犯规队员的腰部；（2）移向记录台，报告犯规队员的号码；（3）指出犯规类型；（4）指出罚球次数或比赛方向。手势完成后，裁判员交换位置。

（四）控制球队犯规

（1）鸣哨停表；（2）握拳指向犯规队球；（3）报告犯规队员的号码，做带球撞人手势；（4）握拳指向比赛方向。

（五）犯规和成功的投篮

宣判犯规的裁判：（1）鸣哨停表，确认投篮算得分；（2）报告犯规队员的号码；（3）指出犯规类型；（4）指出再判给一次罚球。

（六）双方犯规

双方犯规：（1）鸣哨做出双方犯规的手势；（2）分别报告犯规的球队和队员；（3）掷界外球或跳球继续比赛。

（七）犯规后的裁判员占位

一裁判宣判犯规，另一裁判注意场上队员并拾球移向比赛重新开始的地方。两裁判交换位置。

（八）两裁判员宣告犯规

两裁判员大约同时鸣哨判一个犯规，先联系，再由最靠近的裁判员或比赛朝其运动的裁判员处理这一宣判。

六、罚球

（一）追踪裁判的责任

追踪裁判的责任：（1）进入罚球区（就不准换人或暂停）做出罚球次数的手势，将球递交给罚球队员；（2）注视罚球队员；（3）注视其对面罚球区站位的队员们；（4）计算5秒；（5）注视球的飞行和在篮圈上的球；（6）确认罚球是否成功；（7）管理多次罚球中的第1次罚球。

（二）前导裁判的责任

位于端线后两脚分别站在罚球区延长线的两侧。（1）注视其对面罚球区站位的队员们；（2）负责管理第 2 次以后的罚球，或犯规和中篮后仅有的 1 次罚球。

（三）位置区无队员的罚球

执行两罚一掷时，队员不沿罚球区站位。由宣判裁判管理罚球，另一裁判站在记录台对面边线的中点处，准备执行掷界外球。

七、暂停和替换

（一）暂停的管理

某队请求暂停，记录员应在球成死球并停止比赛计时钟时（如果一裁判员正在报告犯规，要等报告结束），用信号通知裁判员。信号发出前，暂停可撤销。靠近记录台的裁判员管理暂停。另一裁判员应持球站在将重新开始比赛的地方。如在靠近球队席处继续比赛，他应先到端线处，等暂停结束再来。请求暂停后，对方投篮得分，可获得暂停。记录员发信号，计时员停表。

（二）替换的管理

记录员发出替换信号后，靠近记录台的裁判员管理这次替换。替换后一队在场上参加比赛的队员要有 5 名，责任是教练员的，而不是裁判员的。裁判员要尽快使比赛重新开始。

第四章　高校篮球运动教学开展的基本理论

篮球教学是高校体育教学的重要内容，深受广大学生的欢迎和喜爱。在高校中开展篮球教学活动，体育教师和学生都要认识与了解篮球运动教学相关的理论知识，以为篮球教学活动的开展打下良好的基础。本章就重点阐述高校篮球教学的基本理论与知识。

第一节　高校篮球运动教学的任务与内容

一、高校篮球教学的教学任务

（一）制定任务的依据

1. 以学生的身心发展特点和规律为基本依据

据调查研究发现，在高校篮球教学中，学生的身心发展特点与规律对篮球教学有着非常重要的影响。一般来说，青少年的身体发育都要经历几个敏感时期，在这些敏感期对学生进行篮球运动素质的培养是至关重要的，可以起到事半功倍的效果。相关研究表明，我国国民身体素质发展的高峰期主要是在学生时期，而大学时期则尤为重要。因此，在大学阶段加强学生的篮球教育，不仅可以增强学生的体质，满足学生体育需求，还可以开发学生的心理和智力。在大学阶段，可以指定一个科学有效的篮球教学计划，以此来指导学生参与篮球运动，这也是篮球教学的根本任务与目标。

2. 以学生参与篮球运动的兴趣与能力为依据

在高校篮球教学中，要想提高教学的质量，首先就要吸引学生积极主动地参与到篮球教学之中，激发学生主动学习篮球运动的兴趣。而要激发学生学习篮球运动的兴趣，就要根据学生的身心发展特点和具体实际，合理选择教学内容与方法，由易到难、由浅入深地帮助学生掌握篮球运动知识和技能。

3. 以促进学生综合素质的全面发展目标为依据

在高校中开展篮球教学活动的主要目的不仅仅是提高学生的篮球技能，其中一个非常重要的目的就是培养学生的综合素质。因此，高校篮球教学要将学生的综合素质发展作为基本依据之一。

第一，在培养德育方面，现代篮球教学要注重培养学生顽强的意志品质，教导学生要遵循一定的道德规范和准则，努力实现自己的目标。

第二，在智育方面，现代篮球教学要培养和提高学生的独立发现问题、解决问题的能力，努力开发学生的智力，提高智力水平。

第三，在美育方面，篮球教学要培养学生感受美、欣赏美的能力。在制定篮球教学任务时要综合考虑学生身心发展的各个方面，促进其综合素质的全面发展。

(二) 制定任务的基本程序

1. 了解教学对象

在制定篮球教学任务前，首先要充分了解篮球教学对象的具体实际情况。主要了解与分析学生的体能状况、运动技能水平、篮球知识储备等，在此基础上制定出科学、合理的篮球教学任务。

2. 分析教学内容

在制定篮球教学任务前，还要充分了解与分析篮球教学内容的特点与功能，因为篮球教学任务的设定与教学内容之间的联系非常密切，可以说，不同的篮球教学内容具有不同的特点与功能，没有无目标与任务的篮球教学内容，也没有无教学内容的篮球教学任务。

3. 编制教学任务

篮球教学任务具有重要的指引、导向、评价篮球教学活动质量等作用，因此，篮球教学任务的制定至关重要。在具体的篮球教学活动中，要处处体现篮球教学的任务，要依据篮球教学任务组织与开展教学活动。

(三) 高校篮球运动教学的基本任务

1. 增强学生的身体素质

良好的身体素质是一个人从事其他工作的重要基础，因此在高校体育教学中，学生身体素质的提高是一个极为重要的方面。篮球运动可以说是一综合性运动，能有效发展人的跑、跳、投等能力。篮球教学，不仅可以全面提高学生的身体素质，而且还能促进学生心理水平的发展与提高。另外，大学生要提高自己的篮球技能，首先也要提高自身的身体素质。

2. 提高学生的篮球知识与技能

高校篮球教学一个重要的目的就是使学生学习和掌握基本的篮球知识与运动技能。其中，篮球知识是学生掌握与提高篮球运动技能的基础和依据，而篮球运动技能中，篮球技术是篮球战术的基础。可以说，篮球运动知识与运动技能之间是相互作用、相互统一的关系，二者密不可分，共同构成一个完整的整体，因此在制定教学任务时要高度注意。

3. 激发学生的创新意识和能力

高校篮球运动是一项富有创造性的体育活动，在篮球的技战术方面，学生的运动能力具有明显的复杂性、多变性及灵活性。因此，学生的创新意识和创造能力是高校篮球的教学过程中非常重要的教学任务之一。所以学生创新能力的培养是高校篮球教学必须重视的。

4. 培养学生的集体精神和意志品质

篮球运动是一项综合性的集体对抗性项目，通过篮球教学能培养学生良好的集体主义精神和顽强的意志品质。首先，通过篮球教学能培养学生顽强的意志品质，使学生形成正确的世界观、人生观以及价值观。其次，篮球教学过程本身就是一个人才培养的过程，能培养学生的各种综合素质。因此，集体主义精神和意志品质的培养也是高校篮球教学的重要任务之一。

二、高校篮球运动的教学内容

我国主要以教学对象的层次及其目标作为依据，来对高校教学内容进行选择的。以下三个方面为教学的主要内容。

（一）理论知识

对于大学生学习篮球技能与进行篮球活动实践来讲，高校的篮球理论知识的教学具有重要的指导作用。

我国高校篮球运动教学，到目前为止已经形成了比较完善的理论知识体系，其具体内容为：篮球竞赛的组织、规则与裁判法，以及教学训练的理论和技战术分析等，通常情况下，经过学习之后，学生都能够熟练地掌握这些理论知识。

（二）技术动作

技术动作是运动技能中最基础的内容，技术动作的内容有技术动作方法要领、规格及运用等。教师在教学过程中需要重视示范动作的规范性，这样才能够让学生形成正确的技术动作定型，并为之后的教学活动奠定基础。

（三）战术配合

战术配合方法是高校篮球教学中很重要的一项内容，之所以会这样，是因为特定的战术布阵是此项运动集体对抗所形成的主要形式。另外，在篮球运动竞赛中，战术阵势与战术配合是重要特征之一。

在高校篮球实践教学中，全队培养及两三人的基础配合，为篮球配合教学的主要内容，而且在教学过程当中，教师需要达到两点要求，具体如下。

第一，应通过合理、有效的方法，来让学生认识与了解人与球移动的攻击点、路线、运用时机及其变化等内容。

第二，应当重视学生的战术配合与协作意识的培养，这样才能够让他们在实战中做到配合默契、灵活。

第二节　高校篮球运动教学的原则与方法

篮球教学是教师组织学生进行篮球运动实践的特殊的教育认知过程。通过篮球教学过程实施对学生全面的素质教育，使学生更深入了解篮球运动的相关知识，掌握篮球运动的方法和技能，进而把篮球运动作为终身体育锻炼、增进健康的方法手段。然而这一特殊的认识过程本身又有其固有的规律，篮球教学只有遵循这些基本规律，才能达到理想的效果。

一、篮球教学中的教学原则

教学原则是教育客观规律在教学过程中的反映，是在长期教学实践中积累起来的具有普遍指导意义的经验总结和概括，是教学过程中必须遵循的准则。在篮球教学过程中，具体表现为教师应按照篮球教学计划，有目的、有组织、系统地进行教学，同时紧密结合学生自身的特点以及篮球运动的特点，在启发式、讨论式等教学形式的基础上，因材施教。篮球教学中主要运用的教学原则有：

（一）自觉积极性原则

自觉积极性原则是指在教学过程中，教师通过各种措施，激发学生自觉学习篮球运动知识的欲望和练习的积极性，从而发挥学生主动性和创造性的原则。为此，应注意以下几点。

（1）加强思想教育，使学生明确学习目的，端正学习态度，树立勤奋学习的决心，培养他们顽强拼搏、团结互助的良好学风。

（2）根据教学任务和具体条件，严密组织整个教学流程，科学地安排各种技能的学习顺序，使学生充分理解每个技战术的要领、用途、运用时机和动作的变化等，提高学生学习的积极性。

（3）积极引导学生多动脑，勤思考，提高学生主动、自觉分析问题和解决问题的能力。

（4）在教学过程中，多鼓励和表扬学习认真并喜欢钻研的学生。

（5）积极钻研教材、教法，注意教材内容的多样性、系统性和实用性，并适当增加一些竞赛性的内容，以提高学生的学习兴趣。

（二）直观性原则

直观性原则是在教学过程中，借助学生已有的经验，通过各种形式的感知，丰富学生的感性认识，使学生获得生动的表象，从而更快掌握所学的知识、技能，并培养学生的观察、思维能力的原则。

在篮球教学中，直观性原则具有重要的意义。篮球教学过程是学生认识和掌握运动技能的过程，教师正确的讲解示范，有助于学生建立正确的动作表象，对形成正确的动力定型非常重要。为此，应注意以下几点。

（1）运用多种直观形式和手段进行教学。运用挂图、图片、图表、观看比赛、电影、幻灯、录像等手段，使学生感知动作的表象以及动作过程中的时间与空间的关系，从而提高教学的效果。

（2）生动形象的语言具有直观的作用。教师在讲解、提示、指导时要具有启发性，并能联系学生已掌握的有关知识、技能，用生动形象的语言，通过分析、比较等方法，使学生较快地理解动作的要领和完成的方法。

（3）在篮球教学过程中还可采用视觉信号（如手势），或利用标志点、线、物等来集中学生的注意力，从而提高教学效果。

（三）从实际出发原则

从实际出发原则是指篮球教学的任务、内容、方法、要求以及运动负荷的安排，要以教学场地、设备、器材、气候等实际条件为基础，力求符合学生的年龄和身体素质发展水平等。为此，应注意以下几点。

（1）要深入调查研究，真正了解学生的思想状况、身体条件、技战术特点、个性特征、家庭背景等各方面的情况，以便能采取有效措施，做到既有统一要求，又能区别对待。

（2）根据学生实际水平和接受能力确定教学任务，有的放矢地选择与安排教材内容，组织教法，合理地安排运动负荷。

（四）循序渐进原则

循序渐进原则是指篮球教学的内容、方法和运动负荷的安排必须符合人的认识规律、符合动作技能形成规律和人体生理机能活动变化规律，真正做到由易到难、由简入繁、逐步深入、不断提高。为此，应注意以下几点。

（1）在安排教学内容，组织教法时，一般应遵循由浅入深、由易到难，由已知到未知不断递进的原则。同时，还应注意易与难、简与繁、浅与深的结合，对易和难、简和繁、浅和深的把握应结合学生的特点和现实条件全面考虑。

（2）教学方法要结合篮球运动的特点，注意教学过程的连贯性和实效性，及时变换教学步骤，使学生由了解到理解，由掌握到运用，逐步提高。

（3）全面系统与重点突出相结合。对篮球教学内容以及教学活动各个环节的安排，既要考虑到系统连贯，但又不能等量齐观，平均分配，而应抓住其关键的内容，重点地进行教学，以突出重点带动全面。

（4）运动负荷要由小到大，有节奏地合理安排。随着运动技术、技能的不断熟练，可以逐步增加运动的强度和负荷量。

（五）巩固提高原则

巩固提高原则是指在篮球教学中，以实际应用为最终目的，在学生牢固掌握篮球技、战术的基础上再给予一定程度的提高，真正实现从量变到质变的原则。为此，应注意以下几点。

（1）在教学过程中要有计划地安排作业，使已经学习的内容能够得到及时复习，尤其是对于教材重点、关键技术还要适当增加复习时间。

（2）增加训练时间和练习密度。根据课的任务和要求，在教学过程中尽可能增加学生练习的次数和练习强度，并适当安排教学比赛，提高学生篮球技、战术的运用能力。

（3）紧密结合时代发展的步伐，注重知识的更新，不断改进教学方法，甚至创造新的教学方法，使教学内容、方法、手段更具科学性和先进性，更好地促进学生的提高。

尽管上述各教学原则具有相对的独立性，但是它们并不是孤立存在的。它们互相联系，互相促进，共同作用于整个教学过程。只有全面综合地运用各个教学原则，发挥教学原则的整体功能，才能顺利解决教学过程中一系列的问题，更好地指导教学实践。

二、篮球运动教学方法

教学方法是指在教学过程中，教师和学生为实现教学目的、完成教学任务而采取的教与学相互作用的活动方式，是教学过程整体结构中的一个重要组成部分。教学方法的选择直接关系到教学工作的成败。在篮球运动教学中，常用的教学方法有以下几种。

（一）学习指导法

篮球教学中的学习指导法，是指教师指导下学生学习的方法，主要包括语言法、直观法、完整法与分解法、预防和纠正错误法等。

1. 语言法

语言法是运用各种形式的语言指导学生学习的方法。在篮球教学中，语言法的正确使用对顺利完成教学目标，提高教学效能有重要的意义。首先能使学生明确学习目标、激发学习动机、实现师生互动；其次又可启发学生学习的积极思维，加深对教材的理解；同时，还有利于培养其分析问题和解决问题的能力。

篮球教学中常用的语言法的形式主要有：讲解、口令和指示、口头评定、口头汇报、默念自我暗示。

（1）讲解

讲解是指在篮球教学中，教师用语言向学生说明教学目标、动作名称、作用、要领、方法、要求，以指导学生进行学习的一种方法。讲解是篮球教学中运用语言法的一种最主要、最普遍的形式。

篮球教学中讲解的要求：

①讲解目的明确并具有教育性

教师讲什么，讲多少，怎样讲？都要根据教学的具体目标、内容、要求、教学进程以及学生的实际，有的放矢地进行讲解。

②讲解要生动形象、简明易懂

讲解时要正确使用体育专业术语，广泛采用比喻、口诀、概要等形式生动形象地进行讲解。要注意突出教学的重点、难点、关键，要口齿清楚、用词贴切，层次分明并符合学生的程度。

③讲解要富有启发性

讲解时教师要善于设问质疑。可通过提问、引导、联想等方式使学生积极思维，使学生看、听、想、练有机地结合，以取得良好的讲解效果。

④讲解要注意时机和效果

不同的教学阶段、不同的学生、不同的教材，讲解的方式和时机有所不同。例如课的开始，教师宣布课的教学目标、内容时，语言要精练、果断；在分析动作要领时，对技术的重点、难点可通过手势、语气以及语调的变化，加以强化。

⑤注意精讲多练

在教学过程中应根据实际需要判断和运用讲解，该讲则讲，能少讲不多讲，把更多的时间留给学生自己主动地去学习、练习和体验。这就要求教师除了抓住重点和关键，还要放手让学生自己去探索和尝试。

（2）口令和指示

口令和指示是教师以最简明的语言，以命令的方式指导学生学练的一种语言法形式。如在队伍的调动、队形的变换时经常采用口令和指示。教师在运用口令指示时，要声音洪亮、节奏分明、发音准确有力。

（3）口头评定

口头评定是指教师根据教学目标和要求，以简明的语言评价学生学练效果、成绩和行为的一种语言法形式。例如学生在练习过程中或练习之后，教师的"很好""有进步"等一句话评价。这种口头评定有利于激发学生的学习兴趣，使学生及时了解自己的不足，提高学习效率。教师在运用此法评价学生时，要准确及时，以鼓励为主，并注意指出学生的主要缺点和不足。

（4）口头汇报

口头汇报是指教师要求学生根据教学的要求和自己对动作学习的体验，简要分析说明自己见解的一种语言法形式。这也是促使师生信息交流，启迪学生积极思维，培养和提高学生表达能力、自我分析和评价能力的一种有效的方法。

（5）默念和自我暗示

默念和自我暗示是指学生在练习中，通过指示性的默念字句，暗示自己努力做好动作的一种无声的语言法形式。默念和自我暗示可以在头脑中激起有意识的活动，提高对动作技术的深入理解，并可针对自己存在的问题，抓住关键，有助于纠正错误动作，回忆教学进程。

2. 直观法

直观法是指在篮球教学中教师通过实际的演示或外力帮助，借助学生的视觉、听觉、触觉和本体感觉器官来直接感知动作的教学方法。常用的直观方式主要有：动作示范、教具和模型的演示、视频影像、助力和阻力、定向和领先以及一些条件诱导等。

（1）动作示范

动作示范是指以自身的动作示范给学生观摩，指导学生进行学习的一种方法。动作示范主要有正面示范、侧面示范、背面示范、镜面示范以及完整示范、局部示范，还有常规示范、慢速示范、静止示范等。

篮球教学中动作示范的要求：

①示范要有明确的目的

每一次示范都要有明确的教学目的，做什么示范？怎样示范？均要依据课程的目标、教学的进程、学生的水平等有针对性地安排。通常在某项运动技术教学初期，为了使学生了解学什么并建立完整的动作概念，可选用完整、常速示范；为了使学生进一步了解动作的结构、时空特征，掌握学习的方法，可采用慢速示范；而为了突出教学的重点和难点，纠正学生的错误动作则可采用分解示范或静止示范，以引起学生注意。

②示范要正确、熟练并具有感染力

动作示范的正确性应从两个方面来理解：一是示范动作要符合动作的技术规格和技术要求等；二是动作示范的难易程度、达到的标准、展示的重点以及示范的表示方法等，要以学生的实际需要为依据，不应低于或高于学生的需要。此外，示范做得轻松、优美，具有感染力，能够激发学生的学习动机。

③示范的方向和位置要利于学生观察

为了使动作示范便于学生观察，教师要正确地选择示范的位置和方向。示范的位置要根据学生的队形、动作性质及安全等因素决定示范的方向，要根据动作结构和要求学生观察的动作部位而定。示范时还应依据实际需要讲究各种示范的"面"，如：实践中为了显示动作的左右距离，可采用正面示范；为了显示动作的前后部位，可采用侧面示范；对方向、路线变化比较复杂的动作，可采用背面示范；对于动作技术结构简单、学生易于模仿的练习，可采用镜面示范。总之，示范时教师与学生的相对位置，以及要观察的动作面和部位，应使每个学生都能清楚观察为原则。

④示范要与讲解相结合

在教学实践中，根据教学目标、练习的内容及学生的身心特点，采用先讲解后示范、先示范后讲解、边讲解边示范的讲解与示范相结合的不同方式，可充分发挥学生的视觉、听觉等感知觉的能力，有利于使直观和思维紧密结合，提高教学效果。

（2）教具和模型的演示

教具和模型的演示是通过挂图、图表、照片、模型等直观教具所进行的一种直观的再现动作的方式。当动作技术较复杂，动作示范难以充分显示动作的结构、过程、细节、时间与特征时，可借助于教具和模型的演示。教师要根据教学的实际需要选择、使用教具、模型，并注意演示的程序、时机，以提高教具模型演示的直观效果。

（3）视频影像

视频影像是利用电影、幻灯、投影、电视和录像等现代化的电化教学手段进行直观教学。借助于电化教学的视听工具可以完整地、准确地再现和重复动作，对一些复杂的动作还可调控速度或暂停进行分析，这对于激发学生的兴趣，启发其思维并加深对问题的理解具有显著功效。

（4）条件诱导与限制

条件诱导与限制是以某种条件为诱因或限制，以达到直观目的。篮球教学中的条件诱导与限制的形式很多，如助力、阻力、定向和领先等形式。

助力和阻力是借助外力的帮助，或对抗的阻碍与限制，使学生通过触觉和肌肉本体感觉，体验正确用力时机、大小，辨别动作的时间、空间特点，以直接体会动作的要领。

定向是以具体的或形象的方向标志物，给学生指示动作的方向、幅度、轨迹和用力点。

领先主要是利用超前的信号和某种视听手段，对学生进行刺激或引导，以利于完成某一动作的直观方法。

3. 分解法

分解法是把整套动作具体细化为几个部分（或段落），然后逐个动作进行学习，从而达到全部掌握的一种教学方法。

分解法教学的优点是可简化教学过程，缩短教学时间，把烦琐的动作经过分解后可以提高学生学习的信心，尽快掌握动作。分解法的缺点是使用不当易使动作割裂，破坏动作的技术结构，影响动作技能的形式。分解法通常适用于动作相对复杂而用完整法学习又不易掌握动作的某些部分需要加强学习等情况。

4. 预防与矫正错误法

学生在学习掌握动作技术时，出现错误动作是正常现象，动作失误也是训练过程中避免不了的。教师要采取合理有效的措施，及时给予预防和矫正，否则就易形成错误的动力定型。因此，教学过程中必须采取有效的措施，对学生出现的各种错误进行预防和矫正。

预防与矫正错误法是指教师针对学生练习中产生错误的原因，有针对性选择有效的手段，预防或及时矫正错误的一种方法。

为了有效地预防和矫正错误，首先要分析产生错误的原因。通常情况下，错误动作产生的原因是多种多样的，概括起来有如下几个方面：

第一，是学生因素。主要是学生学习目标不明确，积极性不高，怕苦、怕累、怕受伤，缺乏信心，有畏难情绪。学生对所学动作技术的概念、要领和方法不清楚，或因受旧技能的干扰等。学生的身体素质和运动能力没达到相应的水平。

第二，教师组织教法因素。主要是所选教材内容不符合学生的实际水平，教学安排缺乏系统性，组织教法不当等。

第三，教学的外部环境与条件因素。主要是场地、器材设备等教学条件和周围环境与季节气候的影响等。

针对上述产生错误的主要原因，教师要分别采用相应的方法进行预防和矫正，如：通过分解法解决复杂技术问题，通过诱导性练习以及转移性练习等手段消除学生的紧张情绪；加强基本技术的教学，全面发展学生的身体素质等。

学生错误动作矫正的快慢往往与教师的指导有密切关系，要充分发挥教师在教学过程中的主导地位，对症下药，有的放矢，耐心细致。把预防与矫正法贯彻于篮球教学整个过程之中。

（二）动作练习法

动作练习法是体育教学中特有的基本方法，又称身体练习法。学生掌握动作技术、技能，锻炼身体，增强体质，都需要反复练习来现实。所以，动作练习法对实现高中篮球专项教学目标具有重要的意义。篮球教学中常用的动作练习法主要有：重复法、变换法、持续法、间歇法、循环法等。

1. 重复法

重复法是根据练习的需要，在相对稳定的环境下，对一种练习进行反复操作。固定的条件有训练的场地和器材、动作的结构以及运动负荷数据等。此法的特点是练习的条件固定并反复进行练习，对于练习的间隔时间没有严格的规定。重复法的主要作用是有利于学生在反复的练习中掌握和巩固动作技术，对体能的发展和提高与意志品质的培养和促进是非常有利的。因此，重复法通常在掌握动作技术、技能和发展各种身体素质时采用。

2. 变换法

变换法是根据练习的需要，在变换的条件下进行练习的方法。变换的条件通常有动作内容、形式、组合结构、运动负荷的表面数据以及环境、设备等。变换法的特点是练习条件的变换。因此，它可以有效地提高学生中枢神经系统和身体各器官系统间的协调能力、对环境和负荷的适应能力以及练习的积极性和运动技术水平。运用变换法的注意事项如下。

（1）要根据特定需要选择和安排变换的条件。变换什么条件要根据实际需要有针对性地安排，如：在改进提高运动技术时一般改变技术要素；在提高应用能力时，一般改变环境和条件因素。

（2）对变换的条件和内容要做出明确的要求和限定。

（3）用于发展学生体能时，要使运动负荷符合练习的要求以及学生的负荷承受能力。

（4）运用变换法练习时应注意对正确动作的干扰，防止错误动作的产生。

3. 持续法

持续法是在相对较长的时间内，用相对稳定的强度，不间歇地连续进行练习的一种方法。持续法的特点是练习时间相对较长，一次练习的量较大，强度相对较稳定。因此，运用持续法可使学生心血管系统和呼吸系统的机能得到稳步的提高。运用持续法时应注意的事项如下。

（1）因人而异，控制好负荷强度。在体育教学中，要依据不同教材、季节气候和学生的体质妥善安排运动负荷。如果练习强度较大时，就要缩短练习时间，而当延长练习时间时，练习强度就不能太大。

（2）加强医务监督。教师在教学中要善于观察学生练习时所产生的生理、心理反应，及时进行调整。

（3）加强思想教育。由于持续法较枯燥，因此，教学中除广泛采用多种练习组织形式外，应不失时机地向学生进行吃苦耐劳，坚忍不拔的意志品质教育。

（4）培养学生自练、自控的能力。教学中应向学生传授持续法的基本知识及控制与调节运动负荷的方法，使学生自觉而科学地参与练习。

4. 间歇法

间歇法是在一次（组）练习之后，严格控制间歇时间，在机体未完全恢复的情况下又进行下一次练习的方法。间歇法由每次练习的时间和距离、练习重复的次数和组数、每次练习的负荷强度、每次（组）练习的间歇时间和间歇时的休息方式等五大要素构成。根据这五大要素，可组成不同的间歇练习方案。间歇法的主要特点是每次练习间有间歇，但必须控制间歇时间和休息方式，即机体还没有恢复，就要进行练习且要采用积极性休息方式。因此，间歇法能有效地提高练习者呼吸系统和心血管系统的机能。由于间歇法对机体的影响较大，所以，应注意总负荷和局部负荷的安排和控制。

5. 循环法

循环法是教师根据教学要求，选择若干练习或动作，分设若干作业点，要求学生在每个作业点上完成规定的练习内容和任务，然后再转到下一个作业点去，依次完成全部作业点练习。做完一轮可再重复下一轮练习。

循环法既是一种练习方法，又是一种教学组织形式。它的主要特点是能有效地增大练习密度和运动负荷。同时循环法采用的练习大都是学生已基本掌握的、简单易行的，并具有一定针对性。所以，循环法大多用于发展学生的身体素质和机体机能能力，也可用来巩固提高某项主要教材的学习。

（三）一般教育法

在篮球教学过程中，要做到有计划、有意识地对学生实施思想教育，有利于培养其积极进取、团结互助、坚忍不拔的优良品质和完美人格，也是高中篮球专项教学的基本任务之一。对学生实施思想教育，发展个性的方法很多，其中最基本的方法有：表扬法、批评法、说服法、榜样法与评比法。不论用哪种方法，不能脱离篮球教学的特点，要围绕篮球教学活动和篮球教学内容本身所包含或承载的教育因素进行。

1. 表扬法

表扬法是对学生的优良思想行为做出肯定评价，以达到强化教育效果的一种教育方法。表扬能增强学生的自信心和自尊心，鼓励学生不断上进，并创设一种蓬勃向上的良好氛围。篮球教学中的表扬法可通过口头称赞、点头、微笑、鼓掌等方式表达。运用时应注意以下几点。

（1）表扬要及时。教师要善于捕捉学生身上的"闪光点"，不失时机地给以肯定和鼓励，尤其对于后进的学生，更应给以及时表扬，以增强其上进心和自尊心。

（2）表扬要适当。教师对学生的表扬要实事求是，不要过分夸大。

（3）表扬时要适当指出缺点和不足。

2. 批评法

批评法是对学生的不良行为做出否定的评价，用以克服和改正其缺点错误的一种教育方法。批评能使学生认识到自己存在的不足，明确标准，从而尽快地改正错误。篮球教学中可通过当众批评、个别批评、表情、眼神、手势等方式表达。运用时应注意以下几点。

（1）批评学生要从爱护的角度出发。通过批评要使学生明白错在哪里？为什么错？有何危害？如何改正？以使其能尽快改正错误。

（2）批评要使学生心悦诚服。教师在批评学生前一定要深入调查情况，弄清事实，有理有节。

（3）批评要注重方式。青少年学生的自尊心较强，最好以表情、眼神及个别批评的方式进行，尽量不要采用当众批评的方式，更不应该采用体罚及经济制裁的手段。

3. 说服法

说服法是通过摆事实、讲道理等说教来影响学生言行的一种方法。篮球教学中的说服法通常采用讲解、座谈、讨论、谈话等方式。运用时应注意下述几点。

（1）说教时应观点明确，联系实际，符合学生特点。

（2）运用座谈或讨论方式教学时，教师应注意启发诱导，鼓励学生广泛发言，并对问题及时总结。

（3）要注意以事实为依据，以道理做引导，热情耐心地实施教育。

4. 榜样法

榜样法是以模范行为、先进事例等来对学生进行鼓励、教育的一种方法。由于青少年学生可塑性大、模仿性强，所以，榜样对其有很大的感召力。运用时应注意以下几点。

（1）篮球教师要以身示教。教师要通过自己的言行举止、教态、修养对学生进行潜移默化的影响，以发挥教师的楷模作用。

（2）教学中要善于树立典范。教师要不失时机地表扬先进，树立典型，使学生学有榜样。

（3）运用榜样法时，应实事求是，切忌把榜样特殊化。

5. 评比法

评比法是利用竞赛、检查、评估等方式在篮球教学中对学生的表现、行为进行比较评价，以鼓励先进，激励后进的一种教育方法。青少年学生好胜心较强，运用评比法可在学生中形成一种你追我赶的竞争氛围，能起到良好的激励作用。教学中进行竞赛评比的内容很多，既可在班与班之间进行，也可在小组或个人之间进行；既可进行组织纪律性评比，也可进行贯彻执行教学常规的评比或行为表现评比等。此外，还可根据情况进行优秀体育班级、优秀体育小组、优秀体育骨干和体育积极分子的评比活动。运用时应注意以下几点。

（1）评比要有明确的目的。评比是一种教育手段而不是目的。要通过评比起到一定的宣传教育作用。所以，运用评比法时，对于评什么？怎样评？达到什么预期结果等均要有具体的操作计划。

（2）评比要有明确、具体的条件和标准，要利于学生公平竞争。

（3）评比时，要发扬民主，让大家充分发表意见。

（4）评比的结果要及时公布和总结，以扩大评比的影响。

"教学有法，但无定法，贵在得法"。高中篮球专项教学的各种教学方法，在教学实践中常常是结合运用，共同完成教学目标的。任何一种教学方法都不可能是万能的，教师应不断地总结教学实践经验，从实际出发，灵活地运用各种教学方法。

第三节　高校篮球运动教学模式及其选择

一、分层次教学模式

（一）分层次教学的基本原则

1. 因材施教原则

分层次教学遵循与适用因材施教原则，一方面，这一原则是现代教学论的一项核心原则；另一方面，也是我国历代教学处理教学过程当中个体差异的教学原则与策略。因材施教包括三个方面的含义，具体如下。

第一，教师需要对学生的个性特点、学习能力与学习情况等方面的差异都有了解与把握。

第二，教师要以不同学生的实际情况为依据，来进行组织教学活动。

第三，在教学过程当中，教师需要面向全体学生，这样才能够使所有学生都得到全面发展，并学有所长。

因材施教上述三个方面的含义，正蕴藏着素质教育的三个要义，具体如下。

（1）让学生主动发展

只有让学生自主发展，才能够培养学生们的创造性，才能够使人才发展具有多样性。因材施教的前提，就是承认个体差异性，并且其还强调绝不可以只用一种标准来要求所有的学生，而应当鼓励学生们自由地展现与发展自己的兴趣爱好与个性特征，进而将他们的个体潜能最大限度地挖掘出来。个体潜能的挖掘过程，实际上，就是实践操作能力以及创新意识与能力的培养过程。

（2）要面向全体学生

教师应当做"园丁"，而不是"伯乐"，之所以会有这样的要求，是因为伯乐想要的是千里马，而园丁的心愿则是"满园的春色"。而因材施教实际上就是从整体出发，来对个体之间的差异进行辨析，教师的目的并不是为了选拔适合完成教育的人，而是要让教育适合每一个人。

（3）促进学生全面发展

因材施教一定要做到的就是要让每一位受教育者都能够比之前的自己更好。教师会选择在充分培养与发展优良个性的同时，也会选择用不同的方法来让目标的共性要求达到。

因材施教原则包括三个基本环节，具体如下。

第一，为调查教育对象，研究教学目标，这是因材施教的基础与前提。只有清楚地了解了学生的兴趣爱好、心理、能力、个性以及思维特征，并进一步了解了他们的信仰、价值观念、影响因素与追求之后，才能够提出合适的教学目标，并进行针对性的施教。

第二，从实际情况出发，来对教育的内容与要求进行调整。教师一方面要做到提出对每一位学生都适合的教育内容与要求；另一方面又需要区分个体之间存在的差异，并以此为基础，提供不同的教育内容与要求，除了要能够使学生的特长兴趣得到发展，还要做到能够弥补学生们的个体缺陷，进而让个体的发展需要和社会的发展需要保持一致。

第三，要具有针对性，也就是说，教师应当针对学生的思维特点，来对教育的手段与方法加以改进，进而使学生的主体发展得到有效促进。

需要注意的是，近代的班级授课制，使得因材施教与提高全体学生的教学效率之间产生矛盾，因此，要想将因材施教真正地落实下去，很有可能需要以牺牲一部分人的自主发展，抑或是牺牲效率为代价。

2. 主体性原则

教育教学的主体应该是学生，而教师应该是学生们的辅导者与引路人，并且还要将不同层次的学生当作教学的主体，并以此为基础，设计出不同层次的学案，组织不同的教学过程，进而培养出不同层次的参与意识、创造意识与主体意识。

3. 团结协作原则

教师想要以一己之力完成培养学生的任务是根本不可能的，他需要有其他教师的相互协作与配合才能够完成，有时甚至还需要社会与家长的配合与支持。分层交叉教学模式，由于有内部分层，使得教师之间的团结协作显得更加重要，另外，家长与社会是否理解这一模式，也对分层次教学的顺利启动有很大的影响。

4. 正视矛盾并促使矛盾转化的原则

学生在学习、运动、思想等方面的差异，是在他们的教育、天赋、环境的共同作用下逐渐形成的，是一个长期的过程。因此，教师需要循序渐进地进行教育，这样才有利于学生对知识的掌握。当然，学生的各种成绩并不是一直持续提高的，而是会出现反复，甚至倒退的现象，此时，就需要利用分层次教学模式来让教师持续地分析与观察学生，并及时给予指导与强化，最终，让学生真正地掌握知识与篮球的各种技战术。

5. 创造性原则

创造性原则包含以下两层含义。

（1）教师应创造性地教

教师应当以学生的层次共性以及具体的教学内容为依据，并以培养学生创造力与终身学习能力为目的，进行创造性的教学。

（2）教师要启发学生创造性地学

在学习过程当中，教师应当将个体的差异性体现出来，或者是以培养学生的独立探索、思考的精神与能力为主。需要明确的是，创造性的学习，强调的是过程的创造性，而不是结果的。分层教学模式提供了进行创造性教学的模式依托，并且使这一过程具有了实践性与可操作性。

总而言之，分层次教学模式，就是一种全面贯彻教育方针，培养创新人才的有效载体。这种教学模式以承认学生在教学中的主体性以及个体差异性为前提，来促进全体学生的发展，并做到"分而未分，和而不合"，充分体现出个性与层次，并充分地挖掘出学生们的潜能，而且十分重视学生终身学习能力的发展与培养，切实将学生的整体素质提高。

（二）分层次教学的基本方法

不同的高校篮球课程会有不同的教学方法，下面将分别对选修课与专修课的分层次教学的基本方法进行介绍。

1. 高校篮球教学选修实践课

篮球选修课教学模式以实践课为主，教师会采用讲解与示范、比赛、自学、练习等方式完成教学；而理论则采用阅读、图片、录像、讲授等方式完成教学。篮球教学作为一项运动，其能力的培养应当采用布置作业、座谈、课堂提问、评论等方式完成。需要注意的是，无论采用何种方式，在整个篮球教学活动过程当中，应当以现代教学理论作为指导，与此同时，还要全面贯彻素质教学的思想，只有这样，才能够在教学的各个环节当中体现出能力的培养。

2. 高校篮球教学专修理论课

篮球理论知识的教学方法有很多，比如，专题作业和讨论相结合的方式，课堂与讨论相结合的方式，以及电化教学（录像、电影、图片）等直观教学方式。

一般情况下，篮球理论知识主要的教学手段为教师进行的课堂讲授，所以要求体育教师对篮球理论知识做到熟练掌握、融会贯通、思路清晰，并且还能够以知识内容的层次为依据，重点指导学生，并要求他们完成课前预习。在讲课的过程当中，要通过提问的方式来了解学生的理解与接受的能力，这样会更便于反馈与改进教学。在课后，教师要有针对性地安排作业，批改作业，与此同时，还要及时让学生知道自己的作业完成情况。除此之外，体育教师还要注意引导学生关注中外篮球的发展状态，并引导他们结合国内外文化经济的发展状况来对篮球这项运动进行论述，从而使学生对篮球能够有一个系统的了解。

（三）分层次教学的主要特点

分层次教学有自己独特的特点，本小节将通过对分层次教学模式下的班级和传统集体授课制的班级的异同进行比较，来体现出前一种教学模式的主要特点。

源于大工业时代的传统集体授课制，相对来讲，其教育内容是比较单一、稳定的，而知识体系多是以继承前人的知识为中心，并将知识的记忆与复现当作教育的基本目标。这是因为在大工业时代，普通人在继承与积累足够的知识之后，就能够终身都不用学习了。

专家曾经测算过，人类的知识，在 20 世纪 70 年代之后，为每 5 年增加 1 倍；20 世纪 50 年代，为每 10 年增加 1 倍；19 世纪时，则是每 50 年代才可以增加 1 倍；在此之外，人类知识的翻新进步更慢。在这种情况下，将几十个人集中在一起，进行有目的、有计划的知识传授，就能够使学习效率显著提升，并使迅速普及知识的目标实现，此后，逐渐演变成了如今的班级授课制。

班级授课制的特点包括以下几点。

第一，分班的依据很单一，通常会以学习成绩与年龄作为分班的标准。

第二，在一个阶段之内都会是固定不变的，如小学、初中、高中都是一个阶段，在每一个阶段内班级是不变的。

第三，班级比较大，而且班里的人数也比较多，少的有四五十人，多的能够达到六七十人。

第四，将掌握知识本身作为教育的主要的，甚至是唯一的目的。

班级授课制作为前人积累、传授与继承知识的重要方式，培养出了很多社会所需的人才，一直以来，都为创造与继承灿烂的人类文明做出了很大的贡献。

时至今日，虽然继承与积累知识依旧是，并且永远是人类进步的基础，另外，也是知识创新与社会进步的源头，但是，在 21 世纪更重要的却是培养学生们的终身学习能力。之所以会这样，是因为人类知识更新速度变得非常快，它为前人所积累的知识的继承和传授提供了理想的场所，培养出了不少社会所需人才，长期以来为继承和创造光辉灿烂的人类文明做出了不可估量的贡献。然而，人们并不需要推翻过去的传统教育思想以及作为科技传播载体的班级授课制，因为这一制度还是有长处的，当然，人们也必须要跟上 21 世纪知识迅速更新的脚步。在这种情况下，人们就需要在维持现行班级授课制的基础上，创设一种新的教学模式，即分层次教学模式。

分层次教学模式和现行班级授课制的班级的不同之处，包括以下几点。

1. 班级"合而不合、分而未分"

班级"合而不合、分而未分"指的是，分层法对原有班级，首先，按照综合素质（包含确定分层教学的学科成绩）进行分层，然后，对同一个教师教学的两个平衡班进行归级重组，最后，再进行交叉上课。这种教学方式在上完分层次教学科目的课程之后，其余课程则需要回到原班级上课。这样的话，原班级在大体上并未改变，但是，在不变中又有变化，因而，就能够最大限度地照顾不同层次的学生需要，做到有的放矢，区别对待。进而，让不同层次的学生，通过不同的方法与途径，将自己的篮球潜能最大限度地开发出来，并引发他们的实践欲与创造力。

前人的经验告诉人们，越与学生"最近发展区"接近的教学（俗称"跳一跳摘到个桃子"），就是越有效的教学。但是，不同的人，会有不同的"最近发展区"。如果强迫学生做一些他自己不愿或者不会做的事情，一方面，会浪费学生的精力与时间；另一方面，还会伤害他们的心理与人格。而分层次教学模式就体现出了学生的个体差异性，要求教师在备课、辅导、作业、授课、测试当中都要重视学生之间的差异，并寻求与学生健康成长相符的最佳教学方法。

2. 引进良性竞争机制

针对传统班级授课制班级阶段内不变的弱点，引入了良性竞争流动机制，这种机能能够培养学生们的实践与创新能力，还能够使不同层次的学生都有展示自我的舞台与机会。无论以哪一种标准分班，在分班之后，都一定会因为各种各样的原因（包括内因与外因），而分化出不同层次与需要的隐形层次。

传统班级管理经常忽视隐形层次的存在，依旧选择按照班级进行教学，这样的话，就会使学习好的学生变得越来越强，而且变得不能够受一点委屈，从而使他们的耐挫力下降，并对智力的开发产生影响；中间层次的学生，感觉自己是"比上不足，比下有余"，从而有无所作为的感觉产生，这对潜能的开发与利用都是很不利的，创造力的培养就更无从谈起了；对于学习困难的学生来讲，由于长期失败，导致他们无法看到被肯定或者成功的希望，进而，就会变得自暴自弃、麻木不仁或者自卑。而这些都是传统班级无视隐形层次所产生的后果，由此也会产生很多教育教学的不公平性，这是应试教育一个致命的弊端。

创造实际上就是变不可能为可能的过程，与此同时，也是一种打破先例的活动。分层次教学模式就是一种创造性的教学模式，其将学习情况、能力、态度以及兴趣爱好等方面都比较接近的同学集中在一起，从而使他们产生一种"惺惺相惜"的亲和力，并从中找到不足与自信，进而，产生展示自我的冲动，并主动参与到教学活动当中，最终，将"教、学、做"的合一真正地实现。角色改变所带来的激动情绪激发出了他们超过自身智商的情商，而这会使他们创造性的思维与创造力在实践中得到开发。

分层次教学模式中的既公平，又严格的良性竞争机制，使得学生们的心能够紧紧贴合在一起，使学生们的精力能够被吸引到集体活动与学习当中，这对班风、校风与学风都会产生一定的积极影响。可以说，在实行分层次教学模式之前，学生是在教师与家长的要求之下被动地学习的，而在良性竞争的机制下，学生们逐渐变成了真正意义的主动学习。

在竞争机制的调控之下，各个层次的学生都能够保持适度的压力，并且能够有效地将压力转换为动力，这使得传统班级的"一潭死水"变成了活水。之所以会这样讲，是因为学生在亲身体验之后，发展分层次教学的竞争流动机制，使得公平、公正竞争的机制真正得以实现。自己只要努力，就会获得晋级的机会。与之相反的是，如果不努力，就会退级，即所谓的"学如逆水行舟，不进则退"。这样的话，流动就让传统班级成了"源头活水"，并在不知不觉当中培养了学生的耐挫力。

（四）分层次教学的理论与实践

1. 高校篮球普修课教学的理论

（1）学习动机理论

学习动力其实就是学习的动力，另外，其也是在学习活动当中，学生一种自觉能动的、积极的心理状态。在体育当中的学习动机指的是，人们参加体育活动（如篮球）的动力，与此同时，其也是运动技能、学习提高，以及表现运动技能的一个重要因素。一定水平的运动学习动机，能够让高校篮球参与者在篮球运动中更能够集中注意力，更能够坚持长时间的练习，并且还能够表现得更加努力；低运动动机，可能会让个体放弃并且退出高校篮球运动。

作为学习活动的启动机制，以及学习积极性的内在源泉，学习动机是由两个方面构成的，即学习需要与学习期待。

学习需要指的是，追求学习成就的一种心理倾向，与此同时，也是在问题情景当中所产生的一种活动的激起状态。学习需要能够激起学习活动以及学习驱动力。

学习期待指的是，对学习活动能够达到的目标的意念，其对学习活动的方向有制约作用，并且还具有诱发学习的作用。

学习需要与学习期待，实际上是在相互作用、联系与制约下所形成的一种学习动机系统，而在这个系统当中，前者为主导部分，后者为形成学习动机的必要条件。因此，在高校篮球教学过程当中，首要任务就是将学生的学习动机激发出来，并且还要将学生的学习积极性有效提高。驱力理论认为，如果能够激发起一个动机，那么就能够为执行某个行动提供必要的驱力与能量，动机强就说明驱力大，而推动行为的能量也就会越大。

在高校篮球教学的过程当中，教师通常会从以下几个方面来激发学生的学习动机。

①明确学习的目标

引起学生学习动机的一种有效方法，就是让学生清楚了解学习的目标。如果学生清楚了学习目标以及活动价值，就会有学习的需要产生，进而才会尽全力完成学习。盲目学习，效率一定会很低，在确定学习目标的时候，一定要考虑学生的能力与知识水平，目标既不可以过大，让学生感到无法实现；又不能够过小，让学生感到过于容易实现，从而失去学习动机。与此同时，还需要将远大目标与具体目标有机地结合在一起。

②积极的鼓励

对于学生学习高校篮球来讲，积极的鼓励，其中，包括适当的表扬与及时的评价，会对其有强化作用，并且还能够将学生的集体荣誉感、上进心与自尊心等激发出来。

第一，及时的评价。一般情况下，及时评价的效果都好过不及时评价，原因在于，前者能够利用不久之前留下的鲜明记忆，来让学生有改进高校篮球运动学习的愿望，后者在这方面的作用就会比较小，因为学生对完成任务后的情景的印象已经淡化了。

第二，适当的表扬。对于学生而言，鼓励、表扬多过指责、批评，是能够将学生的学习动机更好地激发出来的。特别是对差生来讲，更应该进行适当的表扬，这能够有效激发他们学习的上进心与增强他们的自信心。但是，如果表扬过多的话，就会让学生产生骄傲的倾向，并且还会出现忽视自身缺点的问题，从而引发消极的效果，因此，表扬一定要适度。另外，除了要表扬，还需要明确指出学生们的不足与接下来的努力方向。

③期望

在高校篮球教学过程当中，期望表现在教师对学生的期望，以及学生对学生的期望（也就是自我抱负）这两个方面。这两种期望对提高学生学习积极性、增强学习动机都有很大的帮助。

首先是教师对学生的期望，教师对学生的关心与期望，会在潜移默化中影响学生们的成长与进步。国外一些心理学家将这种心理现象称为罗森塔尔效应，或者教师期望效应。教师的期望对差生非常有用，这说明教师是关心自己的，并且相信自己是能够完成高校篮球学习任务的，这对提高他们的自信心与增强他们的学习动机都很有帮助。

其次是学生对自己的期望，不同的学生，对自己会有着不同的期望。通常来讲，较为优秀的对自己的期望比较高；中等的期望水平不等；较差的对自己的期望水平则较低。因此，在高校篮球教学过程当中，体育教师应当善于协调不同学生的期望，让有过高期望的学生适当降低期望；让有过低期望的学生适当提高期望。因为如果期望过高，就会难以达成，从而产生失望的情绪，并且可能失去信心；如果期望过低，就会让学生有厌倦的情绪产生，使他们的学习动机降低，从而导致他们不再积极的学习高校篮球这项运动。

④评价

对于学生学习动机的形成来讲，教师的评价同样具有积极的正面作用。通常来讲，含有期望因素的评语能够让学生产生积极向上、再接再厉的学习高校篮球的热情，并且对增强学习动机也是有利的。如图 4-1 所示，表明了教师评价的重要作用。

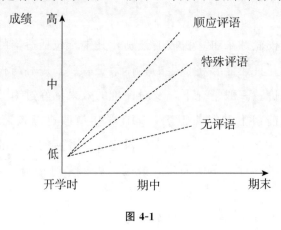

图 4-1

在图 4-1 当中，三条虚线分别代表三组学生高校篮球成绩的增长趋势。在实验过程当中，体育教师对三组学生给予了不同的评价。

第一组，教师只给这一组的学生甲、乙、丙、丁的等级评价，而没有给予评语评价。

第二组，教师除了有等级评价，还给予了顺应的评语，也就是以学生的表现特点为依据，给予了相应的适当的评语。

第三组，教师对不同等级的学生给予了不同的评语，比如，对甲等的评价为"优秀，保持下去"；对乙等的评价为"继续前进"；对丙等的评价为"试试看，努力再提高一些"。

结果显示，成绩最差的是无评语的学生组，成绩最好的是顺应评语的学生组。由此可知，在高校体育教学过程中，应当将评语对加强学生动机的作用充分地发挥出来，也就是说，要及时对学生做出适当的评价。

（2）学生主体理论

现代教学理论指出，我国教育教学领域存在的较为普遍的倾向，就是忽视意识的能动性与主体的自主性。主体性教育思想认为，学生的学习过程，其实是一种主体的认知活动和非认知活动的统一，是一个主体的摄入过程，而不是被动、简单地接受知识的过程。由此可知，想要有效地提升学生学习质量，首先要做的就是明确影响学生发展的一个重要因素，就是学生主体，因此，教育的首要任务就是建构学生的主体地位。

培养人才是教育最基本，也是最重要的功能，而现代人全面发展的核心就是主体性发展。启发学生的主体意识，培养他们的主体能力，从而让学生实现从"自在"主体转变为"自为"主体的目标，最终，培养出具有自主创造性与能动性的新型人才，就是教育最重要的使命，而高校篮球教育同样肩负着这样的使命。

学生主体具有两种含义，具体如下。

第一，学生为认识以及学习活动的主体，教师需要引导学生在学习与运用知识的过程当中，主动地、能动地完成高校篮球的各种学习任务。

第二，学生为发展的主体，体育教师应当重视培养学生自主发展，以及自立创造的能力，并引导他们做发展的真正主人。

在高校篮球运动的教学过程当中，人们非常重视学生的主体作用，不仅重视学生"主体参与"的必要性，而且还采用了相应的合理措施来发挥学生的主体作用。

①教师要树立"以学生为主体"的观念

教师应当从学生的身心出发，并努力促进他们人格与能力的发展，切记不可抑制学生的主体能动精神。在进行高校篮球教学的过程当中，学生应当是发展与学习的主体，并且还要树立起"以学生为主体"的先进观念。

②激发学生的学习动机

由于学生本身就具备创造性、能动性与自主性，因此，在高校篮球运动学习的过程当中，学生是发展与学习的主体。可是，学生如果想要真正成为学习的主体，就必须要具备明确的学习动力与学习需要，只有这样，才能够做到更愿意学习。

当然，人们并不是一味地强调学生主体能力的培养与主体作用的发挥，实际上，教师在教学过程中的主导作用也是很重要的，因此，对教师的整体素质会有更好的要求。教师除了需要将既定的教学任务完成，还需要在高校篮球教学过程中明确自己作为控制者的角色，即要当一名合格的"导演"。

（3）信息反馈调节理论

反馈调节指的是，在整个高校篮球教学过程当中，师生要能够及时地从教与学中获得反馈信息，以便了解实际的教学情况，并以此为依据对教学活动进行控制与调节，最终，使教学效率提高。运用现代信息论、系统论与控制论的基本原理，来对高校篮球普修课进行剖析，也就是说，可以将整个教学过程看作是一个控制系统。在整个系统当中，师生双方必须要进行信息交流，而且要通过信息反馈，实现教学的调控，进而实现提高教学质量的目标。

高校普修课教学中的信息反馈，一方面，能够让师生了解自己在活动中的相关信息；另一方面，也能够了解反应活动的结果与预期目标之间的偏离信息，之后，就会以此为依据，发出纠正信息来对错误的反应活动进行纠正，进而实现教学目标。练习过程当中信息反馈的作用，主要体现在对每次练习后的输出质量所进行的及时识别以及有效地利用。

由于实施分层教学模式，因而，不同班级会有不同的进度与教学内容，此时一定会存在教学内容难或易、进度快或慢的问题，那么教师就需要以学生的掌握程度和他们对教学的反应为依据，及时调整教学内容与进度，从而适应学生的学习。

高校篮球普修课教学过程中，进行反馈调节的具体程序如下。

第一步：及时获取学生的反馈信息。

第二步：及时评价获取来的反馈信息，并对高校篮球普修课教学活动做出恰当的调节。

高校篮球普修课在实施分层教学时，就有效地利用了反馈调节的理论。教师在客观、全面地了解学生，并将他们看作是学习活动主体的基础上，建立了民主、友好、平等的师生关系。在有了这种关系之后，教师与学生之间的交流与沟通就会变得更加容易，而且教师也能够及时收到更多的反馈信息。此后，教师需要对这些信息及时做出评价。

2. 高校篮球普修课教学的实践

在高校篮球普修课教学实践过程中，应始终贯彻"主体参与"的原则。承认在整个过程中，学生才是学习与发展的主体。在教学实践中，为学生提供发挥自身主体性的机会，并鼓励学生积极参与教学活动，这会让学生的学习动机提高，并使学生多个方面的能力都得到发展。

第一，要通过课前提出疑问，与此同时，也要鼓励学生在实践练习过程中进行独立思考，并寻找问题的答案，从而使他们独立思考问题的能力得到锻炼。

第二，以讨论、讲解的方式鼓励每一位学生发表自己的意见，并且要让全体学生都参与到高校篮球普修课教学活动中，进而形成一个良好的教学氛围。

第三，要让学生对教学过程中的重要环节进行自学探究练习，以此来培养他们探索问题的创造精神。

在一系列的主体参与教学过程当中，让学生们逐渐了解自己的主体地位，与此同时，还需要引导学生形成一种主动参与学习过程的习惯，这样就能够有效地提高学生的学习动机。

二、启发式教学模式

作为高校篮球体育重要组成部分的启发式教学，对高校学生学习、掌握篮球运动基本知识和技术技能有着重要的指导作用。本章主要介绍启发式教学的基本理论、主要特点，重点分析启发式教学下高校篮球教学模式，同时对高校篮球启发式教学的评价方法进行了具体阐述。

（一）启发式教学的基本理论

1. 认知理论

（1）加涅的信息加工认知学习论

加涅的理论认为，教学即教师以学生的自身学习条件为依据，创造、设计某些适合学生学习的外部条件，让他们能够进行有效的学习，并将预期的教学目标实现。另外，在教和学的关系方面，教师的教，是在学生的学的基础上建立的。

现代启发式教学方法，需要在充分了解学生原来认识水平的基础上完成教学，这样才能够更好地激发出学生们学习的热情，才能够获得更好的教学效果。另外，还要重视学生学习能力的培养。

（2）布鲁纳"认知发现说"

布鲁纳的观点为：学习的本质，并不是被动地形成刺激反应的联结，而是主动地形成认知结构。

对于学习者来讲，应当主动地获取各种知识，而且要将所获知识和本身已经具备的知识结合在一起，并在脑海当中形成一个框架，积极地建立起属于自己的知识体系，而不应该是被动地接受知识。

布鲁纳认为教学指的是，教师将知识转换成为一种以表征系统作为发展顺序，让学生们自主地发现学习，让学生自己整理就绪，并成为学习的发现者。

现代启发论认为，学生才是教学环境的主人，才是教学的主体，因此，想要创造一个优秀的教学环境，就必须要有学生积极的支持、配合与合作。

（3）维特罗克"生成学习论"

维特罗克是在信息加工心理学的相关研究的基础之上，得出的人类学习的生成模式。

2. 人本主义理论

"以学生为中心"是人本主义教育心理学的核心，其注重学生能力的发挥，也尽力做到让学生自由、愉悦地学习。

人本主义认为，在面对学生时应给予充分的理解与尊重，并且要让他们在快乐、自由的氛围当中完成学习任务，另外，还要将学生们的学习积极性充分地激发出来，不赞同强制性学习。当然，人本主义也不是完美的，其对人的综合、整体的全面发展不够重视，而对智育则过于重视。

对于人本主义，教师可"取其精华，去其糟粕"，争取成为一名促进学生学习的合作者、促进者以及引导者。

（二）启发式教学所具有的特点

在将教师主导作用充分发挥出来的前提下，以学生的认知规律，以及本学科的固有规律为依据，将学生的求知欲望激发出来，并将他们的积极性调动起来，从而让学生最大程度获得技能与知识的一种方法，被称为启发式教学。

将学生学习的积极性、主动性调动起来，发展他们的综合能力与素质，为这一教学方法最主要的特点。

1. 启发式教学目的观

将学生们的能动性、创造性与主动性淋漓尽致地发挥出来，使学生学习的兴趣显著提升，让他们获得全面发展，养成自主学习的好习惯，为启发式教学的目的。

在高校篮球教学当中应用这种教学模式的目的在于，将学生在学习过程当中的主体地位发挥出来，让他们学习篮球的积极性被激发出来，进而做到全面、灵活、熟练掌握各种篮球技巧。

2. 启发式教学过程观

启发式教学的过程，一方面，是灵活多变的；另一方面，也是统一协调的。另外，教师应结合自身创设的情景与学生自己发现问题来完成教学。

启发式教学的基本要求有以下两点。

第一，要对学生收敛性思维与发散性思维的培养给予充分的重视。

第二，要对全面发展非智力因素以及智力因素都给予充分的重视。

3. 启发式教学课程观

针对过去填鸭式教学方式所提出的启发式教学，其强调的是，在教学课堂中，体育教师应当采取各种不同的方式，来引导学生更加独立、积极地进行思考，争取自主获得新知识的一种教学方法。

这种教学方式的实质为：将学生学习的主动性调动起来，引导、启发他们积极地进行自主思考，并将他们的内在潜能挖掘出来，进而让外部教学产生内化作用。

在篮球中启发式教学的课程观，主要强调的是教学内容应当从技术熟练程度为主，转变为学生自主创新、实战练习为主，这样有助于学生将自己的创造思维充分地发挥出来，从而获得"举一反三"的学习效果。

（三）启发式教学的理论分析

在高校教学改革不断深入的今天，传统体育技能教学模式的缺陷也在逐渐凸显出来，并且很难让培养对象的需要得到满足。

传统体育技能过于单一的教学模式，忽视了对技术效果、目的与时机的传授，而只关注传统技术动作，这样就会造成学生所学的技术无法灵活地运用到实践当中。针对这种情况，最为关键的就是要改变过去的教学方法，最重要的是要清楚地了解到，对于不同的教学方法来讲，是有不同的运用范围、条件与时机的。由此可知，积极的研究与探索新的教学方法，以及改变过去的教学思想以及观念是非常重要的。

目前，高校篮球课程教学的一个全新的课题，就是如何让学生对学习的课程产生兴趣，如何将学生的专项技能提升，如何让教学的效果得到改善，如何让教学方法适应学生自身状况。

自体育院校开设课程开始，篮球普修课都是一门专业必修课，而且在体育教学改革过程中，篮球课教学方法的改革都是热点与难点。

一直以来，在体育改革道路上教师都在深入地研究怎样对篮球教学方法进行改革，怎样将学生学习篮球的兴趣提升，并最终将篮球教学的质量提升。截至现在，已经取得了一些成果。

在篮球教学当中，由于对现代体育教学思想的片面理解，以及受到传统体育技能教学思想的影响，导致到现在仍然有很多教师采用传统的体育技能教学方法，从而致使很多教学目标无法实现，并且还存在着较为突出的问题。

学生是一个完整的个体，且在学生的人生当中，教学活动是极为重要的一段经历，为启发式教学思想的学生观。

在高校篮球教学活动中，培养目标是具有全面性的，学生的意、行、知、情等方面，不但有了长足的发展，而且还会反作用于教学当中，也就是说，课堂教学除了能够使学生的认知能力提升，还对培养他们的情感控制力，增加其情感体验有一定的帮助。

三、"掌握学习"教学模式

（一）"掌握学习"理论的提出

"掌握学习"的概念来源于美国著名的教育心理学家布鲁姆，在布鲁姆看来，只要给予足够的时间和适当的教学，几乎所有学生对所有的内容都可以达到掌握的程度。但是这一概念的理论基础并不是布鲁姆首次提出的，在"掌握学习"的概念提出之前，美国学者约翰卡罗尔提出了学校学习理论。这是在传统的测评学生学习能力的基础上提出的新的学生观。在约翰卡罗尔提出的理论中指出：学生学习能力的高低取决于学生学习速度的快慢。而学校学习理论更是为"掌握学习"理论提供了理论基础，对"掌握学习"理论的发展起到了很大的推动作用。

经过对卡罗尔理论的研究，布鲁姆发现自己和卡罗尔在某些事物的认知上是一样的，所以在结合了斯金纳和布鲁纳的观念之后，根据当时的课堂教学模式，提出了"掌握学习"的新型教育模式。在一定程度上都赞同学生学习能力的判定因素是他们的学习速度，而与遗传因素无关的观点。

(二)"掌握学习"基本理论

"掌握学习"理论的出发点是人人都能学习。通过集体授课的形式，"掌握学习"的教学模式对学生进行有针对性的教学，尽量保证每个学生都能够完成每个篮球学习单元的目标，达到预期的教学成效。除此之外，"掌握学习"理念的价值还在于能够帮助学生寻找到方法，提供合适的教学帮助来减少掌握一些知识所需的时间，从而增加学生的学习兴趣。

(三)"掌握学习"教学模式理论

在传统的教学模式中，教学成效的评估通常都是根据学生的成绩进行的，这样一来就会出现老师们下意识地产生一些错误的观点，例如：一个班里，有学得好的学生就一定会有学得不怎么好学生，这是正常的现象。最终老师们就只把注意力集中于学得好的学生身上，而忽略了那些学得一般或者不怎么好的学生，导致那些学得一般的学生最后由于跟不上老师的教学进程，缺少老师的个别指导而半途放弃，失去了对学习的兴趣。在布鲁姆看来，每个人的学习能力都是与生俱来的，在很多方面表现出来的差异都源自于后天的人为因素的影响，而非智力方面的差异。所以如何改进教学模式，帮助学生找到适合的学习方法是现在面临的主要问题。

在布鲁姆的研究中还表明认知前提能力、教学质量和情感前提是影响学生学习效果的因素。其中，认知前提指的是学生在学习一些知识之前就已经掌握的一些知识技能；教学质量就是指老师在讲课过程中设置的适当的学习程度，从而达到老师讲的学生都学会了的教学目的；而情感前提就是指学生在学习的过程中是持有的态度，正所谓"态度决定一切"。如果学校能够从这三方面出发，根据学生的具体情况有针对性地对学生的教学方式进行改革，会更有利于提高教学的成效。

（四）"掌握学习"教学模式的要点

1. 教学目标的结构性更合理

"掌握学习"进一步明确和细化了教学目标，将其划分为三个方面：主动承担学习任务，认识到学生本职所在的情感目标；明白教材含义，了解动作的原理、特点、要点、技术结构、应用时机以及发力顺序的认知目标；通过"反馈——矫正"，在大脑中建立动作表象，促进技术动作不断规范和完善的技能目标。高校篮球"掌握学习"教学模式根据篮球教学自身特点，明确建立多层次的目标体系，严谨和细化了高校篮球教学的目标。

2. 及时有效的教学评价体系

"掌握学习"教学模式将教学评价主要分为诊断性评价、形成性评价以及总结性评价三种。其中，诊断性评价是教师在课前对学生的篮球技术以及身体素质等基本情况进行评价，以此作为制订和实施教学计划的依据。形成性评价是在授课中对学生在学习和练习中出现的错误技术动作进行即时的反馈，纠正错误；总结性评级是学期末对学生整个学期的学习情况做出评价。诊断性评价、形成性评价以及总结性评价三者相互联系、互为因果，三者结合组成一个完整的体系，贯串于篮球教学的始终。

3. 兼具集体性和个别针对性的反馈——矫正措施

教师进行集体授课，并将相关的教学内容传授给学生，学生在对教师授课内容的理解的基础上进行模仿练习，在这期间教师仔细观察和分析学生的练习情况并从中获得大量的反馈信息，这种反馈信息有利于教师对学生进行纠正，采取矫正措施。学生在学习过程中各方面身体活动会表现出明显的共性，同时也会存在一些个体性差异，教师通过观察这些共性和个性，设计出更为合理的练习手段，有利于进一步提高学生的篮球技术水平和篮球教学质量。

4. 更重视非智力和非体力因素的影响

"掌握学习"教学模式关注教师的教学态度以及教师在教学中对学生的态度，教师的教学热情提高，则会进一步加深师生之间的联络和情感，这有利于为教师教学以及学生学习营造平等、轻松的教学环境和氛围。在这一环境中，学生的团结互助精神以及合作精神能够得到明显的培养，进一步激发了学生的学习兴趣，培养学生的学习情感，使学生能够积极投入学习，形成正确的学习情感认知，树立正确积极的学习目标和学习动机，进一步提高高校篮球教学效果。

四、拓展训练

进入 21 世纪初期之后，我国的高校体育教学就开始引入了拓展训练，但是当时是以"野外生存生活训练"的形式开展，并且是相应的专业人员引导进行的。但是，因为拓展训练具有一定的特殊性，因此，拓展训练不仅对高校体育教学有着很大的影响，而且能不能引入、应该如何引入也成为一个值得讨论的问题。基于上述因素，本章就拓展训练对于高校篮球的影响，以及高校篮球是否应该引入拓展训练等问题进行了阐述和分析。

（一）拓展训练的起源

关于拓展训练起源的说法很多但是大多都无据可查。目前，公认的说法是，拓展训练起源于第二次世界大战时期的海员生存训练，这种训练，不仅可以提升海员的专业技术水平，而且能够有效地磨炼其意志。

目前而言，拓展训练的范围已经相当广泛，已经由原本的专业技术训练以及体能训练拓展到了意志训练以及人格训练乃至精神管理等很多方面。

值得注意的是，拓展训练虽然经过了很多年的演变，但是，主要内容还是利用一定的自然环境，结合必要的措施，对团队的团结性乃至合作精神都有很大的提升。

20 世纪末期，拓展训练传入我国，很快就被我国的众多企业和学校接纳，并且取得了一定的效果。后来，随着时间的推移，拓展运动也逐渐为众多高校所接纳。

值得注意的是，根据开展拓展训练的对象不同，教学目标也有不同，具体见表 4-1。

表 4-1　拓展训练以及教学对象、教学目标之间的关系

教学对象	教学目标	教学模式	教学内容	其他内容
专业运动员	在保证不损害学生身体健康的情况下，力争早出成绩，快出成绩	专业化、系统化训练。教师随时监督	专业内容、理论知识、基础学科教育	思想道德教育、心理教育、运动科学教育
业余运动员	保证身体健康的情况，结合学生（未成年学生要结合家长愿望）达成教学目标	专业化、系统化训练为主，主要依靠学生自学	专业内容以及相关理论知识。	心理教育、思想道德教育

教学对象	教学目标	教学模式	教学内容	其他内容
体育师资培养	某项或者某个体育项目的培养，或者是系统的全面培养	教学内容力求全面，学生自学为主	足够完备全面的理论知识以及专业技能	运动科学相关理论、心理以及生理学知识
大学选修课学生	让学生了解某个体育项目，掌握该项目最基本的运动能力	教师引导与学生自学相结合	基础的理论知识，最基本的专业技能	运动科学的相关理论
社会体育运动工作者	结合当地的社会体育开展情况以及个人愿望进行教学	密集性授课结合学生自学	结合学生实际需要进行授课	组织管理能力以及相关理论知识
其他	结合个人兴趣和个人实际身体状况进行培养	集中授课结合学生自学	结合学生个人愿望进行授课	结合实际情况进行掌握

（二）拓展训练的特点

1. 理念相对先进

拓展训练教学先进理念之所以要发展，主要有以下几个原因。

（1）拓展训练本身从人类的自发运动到人类的具体科目，仅仅只有不到 200 年的时间，因此，很多看似成熟的理念，其实一直在发展当中。

（2）在近 200 年期间，人类的饮食结构以及生活条件乃至运动条件都产生了很大的变革，人类的运动量大大减少，运动习惯也有了很大的改变。为了人类整体的发展，先进教学理念的形成也迫在眉睫。

（3）固然，在多年的篮球教学的发展过程中，出现了很多流派，也出现了很多关于篮球教学的理念，但是，这些理念却大大不适用于今天的高校篮球教学。

除此之外，我们也知道，篮球教育不是一个简单的运动技能传授以及实践的过程，而是一种设计运动生理学、运动心理学以及运动医学等多层次的内容，从这个角度上说，高校篮球教学研究必须要立足于篮球，同时要开展拓展教学，但是又不能囿于单纯的篮球研究，只有这样，才能从根本上提升篮球教育研究的层次。

2. 促进良好教学经验的发扬

篮球教学和其他学科的教学一样，都需要各个层次的教师之间相互交流，才能从根本上促进教育水平的发展。而这一切的前提，就是要促进良好教学经验的发扬。

值得注意的是，高校，由于其具有的教学性以及科研性的统一特点，导致高校篮球教学在所有层次的篮球教学当中，具有一定的引领性和规范性。

拓展训练最大的特点，就是具有多层次尤其是跨学科的交流作用。因此，从这个层面上讲，高校篮球教学的研究，更要弘扬良好的教学经验。

3. 促进各个层面，各级学校的教学改革

正如前文所言，高校篮球教学改革，在一定程度上可以引领我国总体的篮球教学改革。同时，相对于其他层次的篮球教学而言，高校有更强的科研条件以及科研人才。因此，引入拓展教学之后的高校篮球教学方法的改革和发展，可以有效引领和促进我国各级学校的教学的改革和发展。

（三）拓展训练在国内高校的发展状况

1. 缺少专业的师资队伍

目前而言，绝大多数高校体育拓展教师大多没有经过长时期专业系统的训练，导致业务水平不高，专业知识不强，给拓展训练理念下的高校体育教学模式的改革带来了巨大障碍。

2. 借鉴成功教学模式少

由于拓展训练本身在我国出现时间不久，因此，拓展训练在我国高校体育教育中的应用时间较短，导致很多教师和学校管理者对拓展训练的认识不深，而且可借鉴的成功的教学模式较少。

3. 安全管理存在不足

高校学生本身的年龄，使得高校学生具有很大的好奇心，如果安全管理不足，很多在野外开展的拓展训练当中，必然存在很多的安全隐患。但是，在实际教学中，很多学校由于安全意识不强，安全管理措施不足，导致出现了很多问题。

（四）引入拓展训练的必要性分析

1. 提升大学生集体自尊

（1）贯彻"以人为本"的教育思想

时代发展到今天，高校体育教育也要在拓展体育科目的同时，引导学生树立"健康体育""终身体育"的理念。但是，目前就绝大多数学校来说，篮球教学还是偏于单调和枯燥，这十分不符合"以人为本"的教育方针。这在一定程度上影响着大学生的体育观，使他们认为篮球运动教学是枯燥的和野蛮的，同时也忽略了对学生体育意识、体育习惯的培养，学生很难建立和形成"终身体育"的意识和习惯，这与篮球教学与训练的初衷相违背。

事实上，如果拓展教学可以被合理引入高校篮球教育当中，则可以从以下几个方面有效贯彻"以人为本"的思想。具体表现在以下几个方面。

第一，拓展教学可以让学生对篮球有全面而深入的了解和理解。

第二，拓展教学可以有效提升篮球运动中的"团结、快乐"的体育精神。

（2）带领学生"与时俱进"，侧面提升学生集体自尊

所谓集体自尊，指的是学生高度的集体责任感以及集体自尊心。总体而言，绝大多数高校篮球教学，可以在一定程度上满足新时期的大学生掌握篮球技术，但是对于学生集体自尊的提升没有太大的作用。

事实上，如果通过合理的方式将拓展训练引入到高校篮球教学当中，必然可以有效提升学生的团体合作精神，从而从侧面有效提升学生的集体自尊。

（3）健全评价模式，提升大学生集体自尊

任何教学，都需要客观而公正的评价机制作为教学的保证以及激励机制。值得注意的是，在传统的教学理念下，很多学生难以得到合理而公正的评价，这就在一定程度上挫伤了学生对于篮球的学习积极性和学习热情。

想要建立起客观公正的评价体系，首先要保证评价体系可以有效提升学生的学习兴趣以及学习的积极性，而提升学生的学习兴趣以及学习积极性的前提就是要建立健全合理而且客观、全面的评价模式。

但是，值得注意的是，目前来说，绝大多数的高校仍然以学期末的总结性评价为主，这就导致很多学生的学习积极性严重受挫，尤其不利于培养学生的体育精神乃至今后参与体育活动的积极性和主动性。

在拓展运动引入篮球训练以及篮球教育之后，可以有效提升学生学习的积极性，尤其可以有效提升学生的团队精神，进而提升学生之间的团结程度，从而有效提升大学生集体的团结程度，最终达到提升学生集体自尊的目的。

2. 提升大学生学生心理素质

（1）现代大学生主要存在的心理问题

随着社会发展，大学生接触到外界的机会越来越多，因此，大学生出现心理问题的情况也越来越多。具体而言，目前绝大多数学生常常存在的心理问题如下。

①过度的自卑以及自尊

现代大学生，普遍有很强的自尊心。面对日益剧烈的就业压力以及社会竞争，很多大学生一方面希望赶紧出人头地，另外一方面也有一定的自卑，而自卑往往导致他们情感脆弱，自我调节能力较弱。

②人际交往存在问题

很多时候，很多学生，或者由于家庭原因，或者由于很多其他原因导致其在人际交往上存在一定的问题，而人际交往问题又在另外一方面强化了其他问题，最终导致学生陷入了一种恶性循环的状态。

③压抑和焦虑

根据社会调查以及相关数据表明，很多大学生往往存在一定的压抑感，而这种压抑感时间久了，必然会引发一定的焦虑倾向。严重的时候，还会引发其他疾病。

④性格过分敏感孤独

手机的应用，固然给我们的生活带来了很大的便利，但是也从另外一个方面增加了学生的孤独，很多大学生宁可与素不相识的人交往，也不愿意跟身边的同学交流，这就在一定程度上加剧了学生的孤独感。

（2）现代大学生产生心理问题的原因分析

大学阶段是从学校到社会的一个过渡阶段，因此，从这个角度上说，大学生本身也是一个社会人，因此，很多大学生会由于社会关系的错综复杂，导致产生一系列的心理问题。目前，绝大多数大学生的心理问题如下。

①学习问题

很多大学生，由于从高考阶段过渡到大学阶段，导致很难适应大学阶段的学习。同时，很多家庭又对大学生本身寄予很高的希望，导致学生的学习进一步恶化。

②个人问题

绝大多数大学生都处于青春期乃至生理的巨大变革期，因此，很多大学生往往会存在一定的思想乃至个人感情上的问题，而这些问题一旦任其发展，往往会导致很严重的后果。

③学校问题

很多学校的心理辅导乃至心理咨询趋于形式，而且没有配备专业的师资，甚至在实践过程当中，还发生过心理教师泄露学生心理问题的案例。

（3）拓展训练对大学生心理问题的干预措施

①在大学生之间营造良好的文化氛围

拓展训练最大的特点就是可以提升学生的参与程度，尤其可以让学生之间开展有效的互动，这就可以有效地在大学生之间营造良好的文化氛围。

②提升个人能力

拓展训练可以为大学生之间的有效沟通建立桥梁，从而有效提升学生健康交往的频度和效度。

（4）拓展训练提升现代大学生心理健康水平的可行性分析

①拓展训练心理干预应用的有效性理论

拓展训练在一定程度上可以有效提升学生的心理水平，具体表现在以下几个方面。

首先是提升学生的自信，拓展训练的主要内容就是要提升学生的自信程度，同时挖掘学生的潜力。

其次是提升学生的团队责任感，拓展训练，在增强学生技能的同时，还可以有效地增强学生在团队中的归属感以及团队责任感。

②拓展训练对大学生心理干预的现状

固然，拓展训练对大学生的心理建设有着很强的作用，但是目前而言，拓展训练对大学生的心理干预仍然存在一定问题，主要体现在以下几个方面。

第一，很多学校把拓展训练简单地看成体育课，没有和心理建设联系起来。

第二，很多学校对于拓展训练仍然流于表面，生搬硬套现象十分严重。

③拓展训练对提升大学生心理建设的前景

第一，拓展训练可以有效地与相应的体育教学结合起来，从而让学生身心建设得到一个同步的状态。

第二，拓展训练具有一定的扩大范围，并且具有很强的可拓展性，这就在一定程度上加深了拓展训练可以挖掘应用的深度。

第三，拓展训练在一定程度上可以有效提升高校对大学生心理建设的深度和广度。

3. 提升大学生团队凝聚力

（1）拓展训练有利于确定统一目标

在各种训练和比赛中，必须确定运动团队的目标一致性，有了明确一致的目标和共同的利益，这使每一个成员都能够各尽其责，不懈地努力奋斗，为达到同一目标而共同努力。团队凝聚力是影响运动员的训练态度、训练行为与训练绩效的一个重要因素。

事实上，相对于其他形式的高校体育教育来讲，拓展运动最大的特点就是可以将团队目标以及个人成就完美结合在一起，从而让大学生"自然而然"地具有高度的团队责任感以及团队自尊心，从而取得良好的成绩。

（2）有利于正确处理队员的人际关系

网络环境下，不断创新高校教育的人际关系，其中一个重要的方面就是要不断发展和完善心理教育的方法，将拓展训练在思想政治教育的育人功能充分地发挥出来。

拓展训练与传统篮球教育相比有很多无法比拟的优势，更能满足大学生选择的自主性。

大学生的自主性主要是指大学生在处理问题的时候显现出来的主体意识，能够在日常的学习和生活中进一步明确自身的学习态度，能够对自己的未来有一个明确的规划，能够在感知的基础上，系统地、科学地分析和判断网络中纷繁复杂的信息，从而提高自我的支配能力以及控制能力。积极主动地将体育教师输出的教育信息转化为自身信念，并使其外化为行动①。在拓展训练当中信息呈现的开放性，使大学生可以自由提取所需的各种信息，能够极大地提高受教育者的自主性和主动性，可以不再为仅有的参考书、基本教材所限制，通过团队合作获得丰富的教育资料，自主确定学习途径和内容，进而巩固学生的人际关系。

拓展训练有利于将大学生参与教学的主动性充分地调动起来。学生在拓展训练过程中可以不必被动、消极地接受教师的灌输和改造，而是可以积极主动地汲取拓展训练内容，能够清楚地认识自身的训练任务，能够清晰地了解自身实际情况与团队需求之间的差距，从而激发自己的潜能，积极主动地接受团队对自己进行的思想改造，克服人生道路上遇到的挫折以及困难，自觉地抵制消极因素对自己的影响。

（3）拓展训练带来的适度外界压力有利于提高团队凝聚力

从心理学角度，一般来说，任何一个团队，在面对外界压力的时候，团队乃至团队成员不自觉地就会为了保全自己而提升团队凝聚力，从而"自觉自愿"地忠于自己的团队，并且主动维护团队之间的利益，进而一致对外，有效避免自身团队受到危害和挫折，因此，在实际训练中教练员应让每个运动员明确了解本团队的压力和威胁，以便形成和增强凝聚力。

（4）拓展训练的开展使队员之间形成有效沟通

活动的开展使运动员在训练、参赛之余丰富课余生活，促进交流，增进感情。在遇到问题时大家共同商议共同解决，扩充了思维，开放了视野，在活动的过程中真正地参与进去，感受集体的力量，这使得活动更加有意义。在运动员的相互交流沟通中，不断形成了人际关系。在人与人的交流中，不断完善个人，充分发挥团队之间的各种力量，为团队之间的凝聚力打下坚实的基础。在体育运动员的相互交流与沟通的过程

① 徐建军. 大学生网络思想政治教育理论与方法［M］. 北京：人民出版社，2010.

中，用真心与对方接触，友好地交往，只有这样，才能引导团队成员之间积极有效的、良好的人际关系的构建。

（5）教练的正确引导有利于提升团队凝聚力

运动员大多数时间都是和教练在一起，在长时间的训练、不同方式的磨合过程中不断地了解对方，为同一个目标去努力。教练采用各种不同的方式去解决运动员的不同问题，从运动员的角度去思考问题，用他们的方式进行沟通，让运动员易接受，这就使得运动员与教练之间的关系日益密切，同时运动员会全身心投入训练和比赛中，听从教练的指挥，认真刻苦训练。教练是主导，运动员是主体，因此，这为运动员达到共同的目标打下坚实的基础。

根据实际的训练以及教学经验，我们不难得知，在实际训练当中，如果教练一味打压运动员，不会利用激励机制对运动员进行激励，那么必然会引起运动员反感，进而会引起运动员的积极性挫伤，因此，从这个角度上说，教练在实际训练过程中，应该充分利用良好的激励机制。

（6）合力的领导有利于提升团队凝聚力

所谓合力的领导，是与体育团队管理相对应的。

具体到现实教学和训练当中，我们不难得知，所谓体育团队管理，其实就是教师或者教练为了实现体育管理的目标，从而有计划、有步骤地建立起一支相应的体育团队。

事实证明，任何一个体育团队的凝聚力对于体育团队的目标的完成都有一定的决定作用。但是在实际训练和教学当中，很多教师乃至教练对于团队凝聚力提升都没有经验，而拓展训练本身就可以通过一种团队性的训练，通过提升学生的凝聚力以及团队精神，从而有效提升团队凝聚力。

4. 提升部分篮球技战术水平

（1）凸显篮球教学的综合性

与其他体育项目相比，拓展训练本身就有很强的综合性，不仅可以全面提升学生的身体素质，而且能够有效磨炼学生的情感和心智，同时，拓展运动还可以通过学生与大自然的接触，有效激发学生的美好情感。

（2）强调学生能力的提升

与其他体育项目相比，拓展训练之所以可以提升学生的能力，主要有以下几个原因：

首先，拓展训练具有一定的挑战性，符合大学生年龄特点以及心理特点；

其次，拓展训练具有一定的冒险性，能够有效强健大学生的心理和意志；

再次，拓展训练具有一定的趣味性，并且在实际操作当中有很多变化，可以提升学生的学习兴趣；

最后，拓展训练具有一定的实用性，能够让学生在训练当中学会很多处理实际问题的技能。

（五）引入拓展训练的可行性分析

1. 加大师资队伍的建设

目前来说，我国各个高校之所以要谨慎开展拓展训练，主要原因就是缺乏师资，导致拓展训练师资缺乏的原因主要有以下几个方面。

其一，拓展训练在我国出现的时期较短，目前在师资培养方面缺口较大。

其二，拓展训练的概念以及含义不够清晰，导致师资培养的过程出现混乱。

其三，拓展训练需要的设置相对传统体育项目来说更加昂贵，而且维护费用高昂，间接导致师资缺乏。

其四，专业拓展训练人才缺乏。

其五，拓展训练需要多层面的知识，但是目前这种富有综合性知识的教师很少。

在具体措施方面，可以让教师与相关俱乐部接受培训，也可以与相关俱乐部合作开展拓展训练。

2. 合理设置教学模式

正如前文中所说，拓展训练，本身是一项综合性体育训练，这就要求高校教师在针对拓展训练设置教学模式的时候，也应该具有一定的综合性意识，可以采取综合运用多种教学模式的方法，开展体育教学。

在具体设置教学模式的时候，应该遵循以下原则。

首先，保证足够的训练时间。

其次，保证足够的安全教育和综合训练时间。

最后，注重学生综合能力的培养，尤其要注意培养学生处理突发问题的能力。

3. 做好安全预防工作

绝大多数的拓展项目以及拓展训练本身有很大的危险，所以教师无论采取哪种教学模式，都必须做好安全预防工作。具体要做好以下几个方面的工作。

一是在训练之前，反复告知危险以及如何正确使用安全器材。

二是配备足够的安全器材。

三是做好安全设置。

四是训练过程当中全程监控，严格管理。

五是对学生进行必要的医疗以及急救知识教育，尤其是在野外的拓展训练之前，应该严格排查学生的身体情况，对于身体有严重疾病的学生应该给予特殊照顾。

六是在拓展训练开展之前，准备相应的急救药品。

七是对于特殊的地理环境，或者特殊的天气状况，例如：泥石流、山体滑坡、雷电等等，应该取消拓展训练。

第五章 篮球教学与教材

目前，在篮球教学中，存在教不会学生打篮球的问题，而往往会打篮球的学生大多是基于自己的爱好，经常观看篮球比赛，积极参与业余篮球活动，主动进行练习，自己习得的。传统的篮球教学，一方面，一直沿用着单纯技术分解式的教学模式，比如投、传、运球等各项技术，都是通过单个技术讲解，反复练习的方法进行授课；另一方面，教学内容出现重复，一传到底、一投到底的现象，比如从小学到高中，小学学习了投、传、运，到中学又学习同样内容。而篮球教学评价，也多以技术考核的方式为主要考评手段。因受到传统教学模式的束缚，教材编写始终没有突破，而大多数教师的教学，也多以教材为主要依据，开展单一、泛化的教学活动。篮球教学存在的问题，在一定程度上受到篮球教材的影响。本章就篮球的教学与教材问题进行详细介绍和分析。

第一节 现代篮球教学现状

一、学生对篮球教学现状的意见要求

我国《课程标准》对学生参加篮球项目学习提出了一定要求。但是，由于篮球教学存在教学内容单一、教学方法僵化、教学过程重复等问题。长期以来，从中小学，甚至到大学，学生一般都无法达到掌握篮球运动的要求。据调查，92.31％的学生认为，高校篮球课与中小学篮球课内容基本没有区别。从学习内容、方法，到练习手段都是反复围绕着技术达标和考核来进行。这种只片面围绕技术开展的教学安排，使得学生实际的篮球水平进展缓慢，进而降低了学生的学习兴趣，造成了学生喜欢篮球运动却不喜欢篮球课的状况。

在《在高校篮球教学中提高练习游戏水平的研究》[①] 一文中，作者通过问卷调查，

---

① 苏新荣，甘荔桔，李刚. 在高校篮球教学中提高练习游戏水平的研究 [J]. 沈阳体育学院报.2005（5）.

得出有 93％的学生喜欢篮球运动，但同时有 86％的学生不喜欢上篮球课。分析得出，在篮球教学中，没有采取有效的手段提高学生学习兴趣的问题。并建议在篮球教学中增加游戏练习的比例是必要的，充分体现了篮球运动本身所富有的娱乐性、趣味性和集体性等特点。这样可有效调动学生学习的兴趣，为篮球课教学创造良好的愉悦氛围，有利于提高教学质量。我们看到，学生从自身角度提出对篮球教学的要求，反映了学生眼中对篮球教学现存问题的看法和对今后教学的向往。因此，充分挖掘篮球教材的趣味性，丰富学生对篮球运动认识的多元化，这对篮球教材内容的选取提出了新的要求。

（一）小、中、高篮球教学基本现状

目前，我国各地学校在体育教学中都安排有篮球教学，但普遍的情况是，学生一直从小学学到大学，但是大部分学生还是不会打篮球，也就是说，在整个在校阶段，篮球水平的涨幅基本没有变化。

通过调查研究，对中、小学篮球教学现状进行分析，发现当前的篮球教学中，教师在教学内容的选择上，在教学方法的创新上都受到限制。尤其在农村小学的篮球教学中，更是存在着对教学重视不足的情况，教学内容陈旧，教学方式程序化，课程设置"成人化"，教学以"教"为主，教师起主导作用，学生被动学习。

1. 篮球技术战术教学脱节

传统篮球教学中，主要内容是以篮球技术的传授为主，对学生技术掌握要求标准化、规范化、精细化。篮球战术的教学基本与技术教学分开，据调查，多数中小学讲授篮球战术多是停留在概念上，对战术的讲解一带而过。教师基本根据基本技术分类运用程序教学法教学，篮球教学便成为程式化教学。对学生学习成绩的评价，通过技术考试达标得分的标准进行评定。而这种考试并不能评价出学生真实的学习水平。据调查，94.26％的学生认为，篮球技术和战术分别讲解，并不适合对完整篮球技战术的掌握，也不符合篮球运动的规律，所以不能适应篮球运动的发展。篮球的技战术本是一个统一体，它们需要在篮球比赛中得到体现——这就是篮球技术的运用。因此，许多研究者都有这样的共识，就是应该在篮球比赛中提高学生的技术水平，即通过比赛提高其篮球的基本技术和战术运用能力[1]。所以，篮球教学应开发篮球教学比赛的教学模式，进而使学生养成终身锻炼的习惯，优秀的学生还可为将来参加篮球专业比赛打下坚实的基础。

---

① 徐大宁，汪波．普通高校篮球课教学的现状调查与分析［J］．辽宁体育科技，2010（3）．

2. 篮球课教学缺乏娱乐性和趣味性

传统的篮球教学，教师主要采用对篮球技术进行讲解，对技术动作进行示范的方式。一方面，这是一种简单、片面的技术传授，教学枯燥、呆板，学生缺乏篮球比赛的体验，不能体会运动中的变化、对抗、竞争以及活力与激情，因此，体会不到篮球运动的魅力。据调查，大多数学生认为，自己之所以喜爱篮球运动，是因为觉得每当看到这项充满互动与协作，充满技巧与智慧，充满活力与力量的集体运动时，都能够给自己带来兴奋、激动、朝气和想亲身加入运动的愉悦感受，但这种体验在多年的课堂教学中缺少亲身经历，于是挫伤了学习的积极性，久而久之，对篮球运动原有的热爱也逐渐消退。可见，这就很难培养学生对篮球运动的持久兴趣和爱好。调查显示，89.24%的学生认为，篮球课堂内容过于单调，从小学到高中总是重复学习那几项技术；篮球教学方法也过于机械、刻板，影响他们的学习兴趣。

而据相关研究表明，学生在做有防守情况下的投篮和有对抗性的练习时，兴奋度最高，同时也最认真、最卖力。特别在比赛时，学生的兴奋点更多，身心的释放和舒展程度也最高。通过对篮球专项教学的观察，并与同学的交谈中发现，不仅是技术水平较好的同学喜欢教学比赛，技术水平较差的同学同样也喜欢教学比赛。在调查中，让学生从6种常见的教学形式中选择2种最喜欢的教学手段，统计结果表明，不论男生女生，均把教学比赛排在第1位，对抗性练习排在第2位，这与教学界多年的篮球教学经验以及教学研究完全吻合。

针对上述现象，很多研究者也反映，学生不喜欢篮球课的原因，主要是教学内容单一，课堂教学不具备丰富性和趣味性。这对于技术好的学生来说，没有较好的激励作用，而对于技术不好的学生来说，也提不起学习兴趣。另外，考核标准的僵化，唯技术化，也使学生对篮球课形成偏见，认为上篮球课只是为了达标。

3. 同种教学模式下篮球技能水平的差异性

目前，北京市高中体育教学多为选项教学。经访谈得知，篮球教学中出现了学生之间、班级之间的技能水平不一致的现象。比如，高中阶段不同年级的篮球技能水平没有根本的差距，甚至出现高一学生比高二学生的篮球技能水平高的情况。回溯到小学、初中，没有出现高中篮球技术水平明显好于前者的情况。另外，在篮球学习之前，会打篮球的学生，并没有随着学习时间的加长体现出技术水平有明显的进步，技术较差的学生，技术掌握的进步幅度也不太大，不会打篮球的学生，到头来还是不会打。这表明，在现有高中篮球选项课中，篮球教学并没有实现随着年级的增长，篮球水平不断提高的效果，显然这与篮球教学内容的简单重复有关，篮球教学内容的难度水平没有渐进上升的层次性。而且，教学组织的形式多以年级划分，以年级划分也没有考虑各班级学生之间的篮球基础水平存在着差异性，这等于又忽视了学生间的个体差异性。这必然会在一定程度上影响教学效果，这也是篮球教学效率大大下降的一个重要因素。就形成这样一种情况，学生会不会打篮球，往往取决于学生课外参与篮球活动的机会和程度，而与课堂学习关系不大，很多学生在课堂上学不会打篮球，其结果形成了学校篮球教学教不会学生打篮球的舆论。

显然，在篮球教学中，教师选择适合学生要求的教材内容是关键环节，但篮球教材内容的有效实施，也有赖于选择有效的教学方法。因此，一套完整、合理、符合篮球运动规律的教材，是篮球教学的前提条件。

（二）新的教学方法实验给学生带来的新感受

以往，有些对篮球教学方法的研究，习惯从教师的角度结合宏观教育目标进行论述。但是，在具体层面，学生才是篮球教学的第一主体，而宏观目标都是通过每个学生个体的微观存在而实现的。所以，学生对篮球教学的感受和需求是什么，应是篮球教学重要的考量因素。

《在高校篮球教学中提高练习游戏水平的研究》一文，从学生的角度对高校篮球教学方法进行了分析，得到与其他研究结果相同的结论：①篮球教学中存在着教学模式单一，这主要是受竞技体育思想和技术至上思想的禁锢，按照竞技篮球的要求，在专修和普修课的教学中，主要采用以提高篮球技术的规范性为主导的教学形式；②教学方法枯燥乏味，影响了学生练习的积极性和主动性；③重复练习较多，比如小学学传球，中学到大学还学传球等；④忽视了学生的个体差异性，也忽视了学生学习篮球的具体目的的不同，比如一些学生就是业余爱好者，一些学生想成为篮球专业运动员。

针对上述问题，学生希望在篮球教学中，技术练习应增加游戏教学法和领会教学法，跳出了"程序性教学"的圈子。

另外，从大学篮球课程的普修课来分析高校篮球教学的现状。据相关研究指出，受传统篮球教学指导思想的影响，高校篮球的教材、教法也都受到一定程度的束缚，加之教师创新能力的缺乏，致使以往普通高校篮球教学过程中存在以下问题：①课程设置和组织练习流于形式；②内容、教法、手段等过于保守等等。这与中小学的篮球教学状况基本一样，都直接影响着学生参加运动和锻炼的热情，更无法从运动参与中获得终身体育的理念。而通过研究性实验，我们可以更明确地分析其问题所在。

第一轮实验时，将参加课程学习的学生随意分成两组，进行篮球基本技术和基本理论常识的测试，然后，对测试结果进行组间比较。结果发现，两组之间没有显著性差异。

第二轮实验时，也分成两组：实验组和对照组。在实验过程中，实验组和对照组采用的教材、授课时数、课外作业及使用场地设备条件均相同，但区别是，虽授课时数不变，但课程内容与进度有不同。我们对原来的教学内容和进度的重新调整情况是：减少技术教学中单个技术动作的反复练习，增加技术的组合和变化练习；减少基础配合教学中学生与技术、学生与学生各自独立和动作走形的反复纠正练习，增加球员配合的对抗条件设计和球员间配合、联系、转化的内容，让学生多参加分组比赛，教授在对抗条件下的技术运用内容。我们在对抗和比赛中，启发学生临场分析技术掌握的情况，让他们了解技术动作的规范程度和重要性以及和自己控制球、控制身体能力的关系，从而有效改进他们的动作。在对抗练习和比赛中，提高学生对技术运用、变化和配合的理解，从而增强他们打篮球的意识。研究表明，虽然教学侧重点已从技术掌握向技术运用转移，但学生在技术动作的掌握方面没受太大影响，却在技术运用方面有很大进步。

通过实验和与学生、教师的调查访谈，我们发现，学生和教师对篮球教学都倾向于教学比赛、一对一对抗练习等。可见，学生喜欢的是比赛和技术运用方面的教学。然而，以往篮球教材对这方面体现较少。《课程标准》是篮球教材编写的指导，教材与教学都要以《课程标准》为依据，才能实现《课程标准》的指导思想和 5 个领域的目标。篮球教学的实践经验又是篮球教材的现实素材，因此，遵循篮球规律和篮球实践经验编制的教材，也是对国家课标的透彻理解和尊重。

由此看来，以教学生如何打篮球为主的教学策略，符合学生对篮球教学的基本需要与期待，以巩固和提高学生对篮球运动的兴趣，激发学生的学习积极性，有利于学生对篮球运动的全面了解和学习，有利于学生能力的提高。以教学生打球为主的教学，也符合整个教学改革对素质教育的要求。同时，这种教学模式也需要建立一种相应的评价体系，以保障更好地操作与施行①。我们认为，应打破"技术至上"的篮球教学思想，让篮球技术的学习与测评，更具普适性和实效性。

（三）学生对篮球教学的期待

通过研究，我们可以得出这样的结论：①学生期待在篮球课上多一些比赛的机会，最好有班级之间赛季的形式；②学生喜欢同学之间或向老师探讨和请教篮球比赛中如何合理处理球、如何跑位、如何选择投篮时机、传球时机等问题，我们总结为技术如

① 傅企明，刘秀芬.篮球普修课以教学生打球为主的教学实验研究［J］.上海体育学院学报.2002（4）.

何运用的问题，因此，在教学中应有所侧重；③不同情况的学生，他们无论是在篮球基础技术、运用能力、身体素质、理解能力、心理预期等方面，都是存在一定差异的。因此，教学应符合因材施教的教学原则，依据学生的需求来选择教材内容，体现篮球教学中"以学生为本"的思想，以达到教学大纲的要求。万人归一、千篇一律、"一锅烩"的教学，本不符合篮球运动本身的丰富性和学生个体差异性，因此，往往是教而无效。经调查，多数学生都期待篮球教学采用多样性、多元化的教学。

（四）篮球课的考核方式

考核是篮球教学的一个重要环节，对学生的学习行为起着检测和导向作用。众所周知，现行的学校篮球教学考试，是以技术达标考试和身体素质达标测试为主的考试。首先，考试内容因片面强调技术，反而无法全面反映学生的综合技术水平。其次，这是一种只注重考查结果的考试。然而，篮球学习成绩的体现是贯串在整个学习过程中的，因为篮球运动的丰富性使它的内容涵盖广泛，除了篮球方面的，还有身体、心理、集体、社会适应等方面的内容，这些方面的发展都不是简单平推的，这些内容也是简单的达标考试无法评价的，因此必须融合在整个教学过程的评价中。学好篮球技术的目的是为了学会打篮球，而学会打篮球的目的是通过具体运动建立"终身体育"观，最终是为了学生的全面发展。所以，篮球技术教学的视野，应放在体育教育目标的大背景之下考量，要与现代教育方向保持一致。所以，篮球教学注重技术考核的片面和局限，不利于学生的篮球运动能力和锻炼习惯的培养。尤其对于篮球技术水平较差的同学更是如此，技术考核不达标，就等于被否认了这方面的运动能力，学生从自尊到愿望上就都会变得消极。而实践与研究也证明，那些篮球技术较差的同学，经采取"针对性练习"提高了运动能力。在技术考核中高得分，但比赛场上的综合能力却不尽如人意。这种结果的导向，会造成学生对篮球运动价值认识上的偏差。

篮球考核是与篮球教材密切联系的，教材内容是考试内容的直接依据，而篮球教材也直接影响着篮球考核的方式。因此，篮球教材的编制，要考虑到篮球教学评价的权重，对于篮球技术的考核部分，应从综合运用的角度考量，要平衡掌握技术的过程与运用技术的结果的评价。多方式、多元化的考试方法，也是学生乐于接受的考试。

二、《课程标准》对篮球现状的要求

《课程标准》是教学评价的衡量标准。因此，教学对于《课程标准》的实施在一定程度上反映篮球教学存在的问题。问题的一个方面，就是篮球教学是否实现了《课程标准》。《课程标准》的变革体现篮球教学思想的改变，然而教学思想的转变，来源于对篮球教学的认识与反思，影响着教学的目标价值取向。因此，从《课程标准》来反观篮球教学，来评价当前篮球教学的现状，以指导篮球教材编写的方向。

（一）《课程标准》实施情况

通过对我国篮球教学现状的调查我们发现以下几个问题。

（1）一部分教师对新《课程标准》的理解是并不深刻的，并且大多数学校都有自己的体育教学大纲，但是在执行的时候往往比较灵活，每个学期上什么内容，只要同年级的几个教师商量好了，定一个大致的框架就可进行教学。很多教师都反映的一个问题是，新《课程标准》自执行以来形成了"中空"的状态，对于教材内容的选取和教学的实施等任务都交给了基层的体育教师，他们虽然都有实践经验但是缺少科学的指导，很多教师在进行教学时只是跟着自己的感觉走，至于是否达到教学目的，都没有方法评估，这也是造成"放羊式"教学的一个原因。而篮球教学的教材来源，最多的是自编教材。调查发现，一般由一个年级的几位体育教师共同制订，其次为网络媒体资料，随着计算机网络的普及，在网上可以找到很多关于篮球教学的资料，但是网上的资料良莠不齐，并非都是科学有效的，并且不一定就适合小学生的身心特点。

（2）相关部门、学校对体育的投入不足的情况比较严重，学校领导片面追求升学率，忽视体育课的重要地位，对《课程标准》执行、落实情况不够重视的情况也比较普遍。

（3）目前，部分高中篮球技术的教学内容主要集中在传球、运球、投篮、准备动作和脚步移动技术上，并且高中篮球教学内容与初中的衔接情况以及教材内容的选取也是影响篮球教学有效性的重要因素。大部分中学，尤其是农村的中学在选择篮球教材内容时，依旧以技术掌握教学为主，较单一。在教学方法的选择上讲解、示范、练习、纠错等传统的教学方法仍占主导地位，很难激发学生对学习篮球的兴趣，调动学生学习的积极性。

（4）当前绝大多数学校篮球考试以结果评价为主，主要针对"动作好坏"进行绝对评价，忽视了个性差异，并且考核的内容、形式不合理，不能真实反映出对学生的评价，缺乏科学评价学生的标准、形式和内容，不能全面准确地反映教学效果的优劣等。

（5）在部分中学高中阶段的篮球教学中，主要教授的内容包括基本技术、组合技术、基本战术和规则简介四部分，但并没有把技术运用单独提出来，这就与目前篮球教材内容体系是按照传统的技战术分类有关，可以说是教材的限制，也体现出按照过去的《课程标准》编制教材的局限性。

（二）对篮球教学的指导

课程标准的设置，在水平五和水平六的运动技能中各设立 6 个系列。每个系列包含若干模块，一个模块有一个运动项目。例如，系列 1 是球类，球类系列就包含足、篮、排等模块，即包含足、篮、排等运动项目。水平五的整个系列几乎包含了传统的运动项目和新兴的运动项目的学习，每个模块选取相对应的运动项目中相对完整系统的内容组成，为水平五阶段教学提供教学素材。举例说明，篮球模块有相应的篮球教学内容体系，教师根据水平五阶段的学生情况，依据课程目标，制订阶段的教学计划：一年（学期）教学计划和单元教学计划。我们这里指的模块教学主要是针对学校现有的体育课程实际基本情况，对应的是最常用的单元教学计划。在水平五阶段，篮球模块教学的教学内容是由模块教学计划来实现的，不同的模块教学有不同的目标体系，不同篮球教学内容的选择性，体现模块教学中学生的主体性，体现教学内容选择的灵活性，实现模块教学设计的创新性的发展趋势。模块选择的自主性和模块设计的创新性，体现了学生主体性的要求，体现出尊重学生主体的意见要求，反映出《课程标准》的人性化发展趋势。

过去的教学内容一般是由课程专家来决定的，现在的教学设计则接受了多方意见要求，由众多专家、学界人士、研究者、大家共同参与完成。经《课程标准》的试验和群众的意见反馈，形成了新《课程标准》，制定了可供学生选择的教学模块的范围，制定了可供教学选择的教学内容范围。目前，学界对《课程标准》的认同有较高的一致性，认为其体现了学生的主体性，体现了课堂教学的灵活性，符合运动项目的健身性、愉悦性和游戏本质的特性，可实现学生身心健康和兴趣的要求，与学生全面发展的总教育目标相一致。

1. 在《课程标准》基础上，实施分析篮球教学

传统篮球教学过程，基本上是墨守成规，"填鸭式"的教学方式，学生失去主体地位，总是被强迫接受教育。学生在课堂上的学习内容，一直局限在篮球教师所教的内容之中，不可能有探究问题的空间。显然，学生的积极性被压制了，学生的主动性被阻碍了，学生的创造力被抹杀了。最后，多数学生学不会打篮球，体会不到篮球运动的真谛。

任何教学活动，教师都是重要角色，教师是教学实施中关键的一环。按照新《课程标准》要求，篮球教师不仅要在篮球教学中教会学生技术动作，还教会学生技术运用。这就要求教师具备较高的篮球运动水平，能够自如地、有效地传授练习方法和技巧。还要求教师有针对学生实际情况制订锻炼计划和运动处方的能力，帮助学生养成

定时定量参加体育锻炼的习惯。教师通过将学生引入精彩的教学情境，运用丰富的教学手段，采取多样化的组织形式，结合学生实际的身心情况、潜力倾向制订不同的、具体的教学目标，施行分别教学，因材施教。

教师要进行角色转换，把学生作为学习主体，了解他们的需要，尊重他们的个性，发掘他们的特长，不能随意把管理者意志和教师意志强加在学生头上。比如，大多数学生热爱篮球运动，他们渴望在篮球课上学会打篮球。那么，教师就要在新《课程标准》的引导下，善于思考，注重实践总结，开发个性创新教学方法。新《课程标准》对教师的教学水平和创新能力提出了更高的要求，是教师从传统思维迈向现代体育教育的新的挑战。《课程标准》的实施过程，也是篮球教师加深认识、不断学习与提高的过程。

2. 关于增设篮球"提高班"的思考

首先，从篮球科目与其他科目的比较，分析篮球项目在学校教学中的地位与作用，以及学校在整体教学计划中所能提供的篮球教学时数，看增设"提高班"的可行性。

现行学校教学，一般分主学科和副学科，主学科包括数学、语文等，体育属于副学科。学校通常会积极为主学科增设"提高班"。如果体育课也吸取其他科目经验增设"提高班"，是否会打破《课程标准》指导下的教学平衡？又是否合理呢？

一般认为，全面发展教育，并不意味着是"平均发展教育"。这就是说，对教学涉及的所有学科，不能不区分权重。应该根据各学科的不同情况和作用，合理设置它们各占教学总量的比例。应该重视主要学科，同时建立各学科之间的联系，保持各学科之间的相对平衡，使之起到学科贯通，互相推动的作用。例如，物理、化学需要数学作基础，各科学习都与语文密切联系等等。但体育课与数理化语文等主学科，其学科形态有所不同，这也是它们之间的明显差别。一般情况下，课程设置没有参照性。而且，目前对那些主学科的"提高班"，也是存在争议的，因为它强化的是应试功能。

其次，从篮球教学的特点考虑"提高班"的可行性。以上说的是学科之间的差别，但就篮球项目本科之内，还是存在探讨空间的，这就需要从篮球运动本身的特点来看。

虽然篮球科目与其他科目在内容形态上存在明显区别，但对篮球科目的学习也存在递进、提高的过程。它的层次可分为两大块：一块是技术掌握，一块是技术运用。技术掌握又分单项技术、组合技术、联动技术。技术运用又关联到战术运用、技战术融合运用和全队配合。从一个不会打篮球的人，到会打篮球，再到篮球运动的高境界，都是逐级提高的过程。因此，设置篮球"提高班"本身没有问题。但是，全日制学校篮球教育的目的，不是培养专业运动员，是让学生通过篮球这一运动项目载体，达到提高身体素质以及心理素养，养成良好的锻炼习惯，建立终身体育的目的。另外，"提高"的目标就不应面向竞技篮球，而应面向学生的"发展"。因此，对大多数学生而言，应试目的下或专业化性质的"提高班"，就没有意义。因此，专门设置篮球"提高班"是不必要的。

但是，因为多元教学、分层教学和针对性教学的需要，考虑各个教学阶段，面对不同学生情况，合理设置"层次递进教学课程"还是有必要的，也是可行的。但"提高班"是不分班级的，是以每个自然班为单位，在每个自然班内实施区别教学，所以，若用"提高班"来称谓"层次课程"也就显得不合适了。

综上所述，当前篮球教学存在着以下问题：过于注重技术的掌握教学，教学方法单一，主要是讲解示范、采用程序教学法，主要以教师的教为主。在考核上，按照传统的教学方法，受传统的竞技化影响较大，追求技术的标准化，在教学目标的培养上很难实现教会学生打篮球的目标，培养学生对于篮球运动的兴趣，达成终身体育的目标。而篮球课教不会学生打篮球的主要原因是，缺乏技术运用的教学。

如何改变目前的篮球教学现状，不仅需要篮球教学的创新，更需要篮球教材的突破。在篮球教材和教学中，增加技术运用的内容。并且在培养学生的篮球运动兴趣上，应多了解学生的需求，有针对性地引入创新式的教学方法，选择以技术运用为主的教材内容，设置以比赛为核心的篮球课程，增加篮球教学的趣味性和实效性，从而使学生通过篮球课喜爱上篮球运动的同时，教会学生打篮球。最终实现运动参与、运动技能、身体健康、心理健康、社会适应等五个领域的目标。

第二节　篮球教材的选定与篮球教学

篮球教材内容对篮球的教学具有一定的指导意义，同时教学对教材内容的编写与选定也有一定的反馈作用；篮球教学离不开篮球教材，篮球教材内容对篮球教学起着指导性的作用，篮球教学以篮球教材为参考，篮球教学为实现篮球教学目标，对篮球教材内容体系又提出新要求。因此，两者是相辅相成、相互影响、相互制约，以实现教会学生打篮球的目标，进行动态的协调与相互作用的关系。

为了实现篮球教学的目标，达到《课程标准》的要求，对于篮球教材内容体系需要进行选择。对于各个学段（各个水平）的篮球教学在选择教学内容上存在着差异性，对于不同篮球水平的学生来说，在选择教材内容上，要做到因材施教，体现篮球教学中"学生主体性"的要求。下面对篮球运动能力进行水平划分，我们依据学生学会打篮球所应具备的篮球相关素质和知识水平，以篮球教学中的教学目标和实现教学目标的方法为依据，进行篮球竞赛能力水平划分。

在篮球教学以教会学生打篮球为目标的需求下，以技术运用为切入点，对学生会打篮球进行水平划分，主要分为6个水平的目标如下。

（1）在简化的规则下，能够运用已经学习的基本技术；

（2）能够实现单个技术的运用，能够灵活组合已学的单个技术，实现在比赛场上应变能力的发挥，以及已学组合技术的运用，并能够在不同的场景下运用多种形式的技术组合；

（3）能够和同伴协作，通过自身的技术达到合理、有效的进攻；

（4）有较好的篮球知识素养，能够运用规则、组合技术，引用其他明星队员和优秀队员实用的组合技术，并能够自学，实现举一反三的效果；

（5）有良好的篮球理论知识和篮球道德素质，能够发挥自己的智力水平和已有知识。通过各种途径或科学获得相关知识的渠道，制订自我技能水平提升的计划。例如，观看比赛，提高自己篮球理论知识的积累，并结合自己的实际情况制订锻炼计划，不断提升篮球技术在实战中的灵活运用和技术组合的创新，以及组合技术的创新运用；

（6）具有良好的关于篮球规则的知识基础，能够通过自己已有的智力建构篮球文化、篮球比赛中体现的知识，内化成为自己的知识，并得到创新，实际上也就是篮球意识的极大提升。

以上是从技术运用视角，为实现教会学生打篮球目标，进行的篮球运动能力的水平划分，仅作为参考，为篮球教学目标体系的构建提供模板。

教师可根据教会学生打篮球的目标，依据《课程标准》，设定各个水平阶段不同的目标体系，以教会学生打篮球为直接目的的目标体系，达到中小学篮球教学目标的衔接、教学方法的合理选择。学生不会打篮球关键是缺乏篮球意识，不会在比赛的场景中运用基本的技术，缺乏规则的感知等。篮球的教学实则是实践经验的传授，如何培养学生的篮球意识，以及在掌握一定技术下如何运用技术，与教材内容的选择有一定关系，只有技术掌握教学的教材而缺少技术运用教学的教材势必会影响中小学篮球教学的质量。篮球教材内容实际上是一种知识经验所存在的载体，那么只有将技术运用的经验转化成为知识性的内容作为教学的载体，方能解决这个问题。

一、篮球教材

篮球教材主要是依据《课程标准》和《全国普通高等学校体育课程教学指导纲要》

中对篮球项目所规定的课程目标、教学内容、教学时数要求来编制的；是篮球教师教学的主要依据、学生学习的主要媒介；是实现篮球课程、篮球教学目标的先决条件。

（一）篮球教材的分类及特点

1920 年，上海女青年体育师范学校在全国范围内首次开设篮球专项课。从那时起，篮球逐渐成为我国高等学校的一门主修课程，也逐渐成为中小学体育教学的主干内容。篮球教材的建设，在我国体育教育的发展中也占有举足轻重的地位。各式各样的篮球教材，由于其教学对象不同、教学目标不同、篮球技术水平不同、知识体系结构相异等因素，彼此各成一类，也各具特点。

1. 横向分类

由于教学对象的不同，高校篮球教材和中小学篮球教材存在很大差异。从中小学体育教材来看，在教育部颁布的《课程标准》中设置了"球类项目"系列，许多中小学因为师资、场地和器材条件等因素，都将篮球作为球类项目教学的首选。《课程标准》将篮球运动的一些基础知识和基本技术作为中小学阶段的教学内容，从篮球运动最基本的技战术中举了一些容易掌握的例子，并把主动权交给教师，让教师结合实际条件，以游戏、非正规或半正规的方式进行教授。这些内容既符合学生的年龄和生理阶段，也有益于激发学生的兴趣。而从高校体育教材的情况看，按照普通高校"体育学"一级学科层面涵盖的 5 个本科专业[①]，对应的教材等级也分为专修教材、专业必修、选修教材、公共普修教材等。其中，除公共普修教材外，无不强调学生通过学习能够掌握篮球的基本理论知识和技术、战术，具备组织篮球教学、训练和竞赛的能力。从深度和广度上都比中小学篮球教材有所增加，但其中也存在一些交叉和重复的内容。

2. 纵向分类

从高校篮球教材来看，不同的教材，其内部体系结构和内容也各具特点。虽然，其内容结构在不断发展，但基本内容却没有大的改变，包括以下几部分：教育目的、培养目标、理论知识教学、技术教学、战术教学、规则、裁判法教学和教学评价等。早期的篮球教材主要受到苏联教学模式的影响，重视学生对"三基"（基本理论、基本知识、基本技术）的掌握，主要以 1979 年、1985 年、1988 年版篮球教材为代表。这些教材中技战术教学和训练内容比重较大。进入 21 世纪，2001 版和 2005 版篮球教材总结了原有教材的经验与不足，结合篮球运动、体育教学、社会环境等的变化，对教

---

① 高松山 . 我国高校篮球教材建设现状分析与重构设想［J］. 首都体育学院学报，2009，21（3）：337—339.

材内容做了大幅度调整。增加了培养篮球兴趣、普及篮球运动、促进全民健身、发挥篮球培养学生社会化的内容。同时，传统的技战术教学和训练的内容大幅度削减。

随着《课程标准》的推行与实施，球类的教材内容选取与设定变得更加灵活，学校及教师拥有了更多的自主选择权，更多的教学采用的是几个不同版本的教材，这是不同版本教材的组合运用。篮球运动和篮球技战术不断的发展和革新，使篮球教材的内容也产生了巨大的变化。

3. 中美篮球教材之间的差异和各自特点

写作风格的不同是中美篮球教材（或者是训练书籍）的明显区别。美国教材重视编写形式的多样性和灵活性，语言通俗易懂，内容简洁而实用，多具有相对清晰而又体例各异的逻辑结构[①]。而国内的篮球教材偏重理论阐述，注重学科术语的运用，内容形式比较固定化，强调中心思想和编写纲领，教材注重教师为主体的传统教授模式，对实践应用和对学生的引导方面内容相对较少。

内容层次的不同是中美篮球教材的另一差异。美国篮球书籍有大约65％内容谈的是基本技术的训练，而中国篮球教材中只有大约30％是在写基本技术的教学与训练。美国篮球教材中基本技术训练手段的多种多样、面面俱到，其对基本技术的高度重视给人留下的印象相当深刻。

（二）篮球课程、教材与教学的关系

1. 课程与教材关系

课程是由什么决定的？影响课程的外部因素，概括地说：知识、社会需求和条件、学生。所谓知识，是指代表一定时代和世界水平，即继承以往所积累的人类历史经验和现实达到的新成就的科学总和。课程要解决的第一个问题就是从这些知识总和中选择什么。

因此，课程具有一定的时代性、选择性、系统性，并且受到一定的社会、政治经济影响，具有一定的历史使命的、有目的地对学生实施的教育。

时代性，是指随着社会的发展，科技的进步，知识的丰富，课程在不断地进行着革新，包括课程的体系、课程涵盖的内容等。

选择性，从学科的角度看，对于篮球课程需要摆脱竞技体育的圈子，从学生的角度，按照社会需求、学校培养方向制定选择课程内容的原则。

---

① 刘卫东，宋君毅，李明达，张成龙．中美篮球教学、训练理论对比与反思［J］．山东体育学院学报，2008，24（5）：52—54.

系统性，选择好课程内容后，在课程实施的过程中，为了更好地进行课程的实施，需要对知识（即课程内容）进行系统的整理，便于各级执行者，以及一线的实施者（教师）有效地理解与实践。

《课程标准》包括课程的指导思想、课程的内容、课程目标体系、课程实施的原则与实施方案的参考等，是课程的具体表现形式。

《课程标准》是国家课程的基本纲领性文件，是国家对基础教育课程的基本规范和质量要求，是教材编写、教学、评估和考试命题的依据，是国家管理和评价课程的基础。它体现国家对不同阶段的学生在知识与技能，过程与方法，情感、态度与价值观等方面的基本要求，规定各门课程的性质、目标、内容框架，提出教学和评价建议。

课程涉及对整个教学内容和课时的安排、课程目标等。教材是实现课程目标的必要条件和基础。在教学过程中，要实现课程目标就要选择和组织相应的教材内容。课程目标是选择和组织教材内容的依据，课程对教材内容的选定具有决定性作用。在课程安排中，要使所选教材内容的比例、教材的顺序、评价都具有合理性，并体现出课程目标。在课程目标确定后，教材的安排直接产生几个问题，具体如以下几点。

（1）教材内容是否与课程目标对应。

（2）教材内容的容量是否能在有限课时完成。

（3）如何在一定限制下选取相对重要的教材内容。

（4）教材内容安排在连续几个年级递进中如何衔接等。

例如，若中学篮球课程目标要求学生通过篮球课的学习会灵活运用传球技术，那么，在安排和选择教材内容时，就不再是选择教授学生诸如双手胸前传球的单个传球技术，而是选择教授学生助攻，因为双手胸前传球主要是指基本技术掌握层面的教材，而助攻涉及场上对于以传球技术为主的技术运用。

2. 教材与教学关系

教材与教学两者之间相互制约、相互促进。

教材的选定和设计是否合理，影响教学效果。假设教学过程中所选教材设计不合理，教师教学水平高也很难收到好的教学效果，以致课程目标或某次课的课堂目标难于实现。

不同的教材要选用不同的教学方法，才能取得好的教学效果，实现不同的教学目标。在教学过程中，为了实现课程目标或教学目标，应选择与该目标相对应的教材。若在教学实施过程中，教师的教学水平很差，不能对所选的教材采用合适的教学方法进行教学，就会导致教学目标无法实现，无法达到应有的教学效果。相反，若是教师水平高又能对所选的教材选择相应的教学方法，就能很好地达到教学目标，取得好的教学效果。

由于教育、教学和教材本身的复杂性、多样性，不可能找到适合于所有学生和教学需要的一套教材体系。不过确实存在一些一般的因素，影响着大多数篮球教材的设计和使用。教材内容设计、课程实施等因素在设计和使用教材时是必须要考虑的，否则将直接影响教材的质量和教学效果。应从决定和影响教材的结构及功能的多种因素的作用和效果之间的联系中，找出具有特征性的联系。

教材内容的确定决定教学结果的方向，这里涉及教学的可能性问题及教学的连续性问题、评价问题、激发学生兴趣问题等。

二、篮球运动的特点与教学

篮球教学的实施应该符合篮球运动本身的规律及特点。如何教会学生打篮球，并能够通过篮球教学达到教育的目的，需要我们在教学过程中充分认识篮球运动的特点，总结篮球教学的规律和教学原则，通过篮球教学真正使学生懂篮球、爱篮球、会打篮球。同时，我们还应该依据篮球运动的特点，以教会学生打篮球、能够喜欢篮球从而积极参与篮球运动为目的，在技术教学的实施中多增加一些在技术运用视野下的篮球教学。

（一）篮球运动的特点

篮球运动具有健身性、集体性、竞争性、游戏性等特点。因此，篮球运动除了健康身心，还有助于增进学生的社会化，增强学生的竞争意识和团队协作的精神，培养学生的应变能力和创新精神。对于会打篮球的学生，在赛场上的体验是丰富多彩的，有进球后心情舒畅的体验，有在烈日下苦练为了在比赛中战胜对手的斗志，有在场上的完美技术动作运用时的自豪感，也有与同伴协作得分的欢愉。篮球运动的游戏性，吸引了众多学生的参与，在参与中通过体验，获得情感上、身体上、心理上和社会交往上的发展。马斯洛的理论提到，人的发展的最高层次是自我实现，是基于精神层面的。而学生们参与篮球运动，在比赛中为了实现目标而进行刻苦练习有助于强健身体；在篮球比赛场上，在复杂多变的环境下应变能力获得提高，在接到同伴期许的传球时，获得投篮的心理压力的体验，体现出篮球比赛对于学生心理的培养；在与同学的协作中和与对手的竞争中出现的规则性问题，以及身体接触等问题时表现出的态度，有助于学生的社会交往能力的培养，遵守规则的道德品质的培养；在场下训练在场上发挥，体现了学生突破自己，渴望自我价值实现层面的精神需求。因此，借用《课程标准》5

个领域目标，在篮球运动中都能实现。实现 5 个领域目标，即在篮球运动价值体现的基础上实现的。这是篮球运动的本质特点，如果能够进一步深入挖掘篮球运动的功能，将会拓展篮球运动的价值领域，促进篮球运动的发展，同时提高篮球运动的教育价值。

（二）篮球技术学习的特点

在长期的篮球技术教学、训练、比赛实践过程中，人们对篮球运动中技术概念的理解经历了由浅入深，由感性到理性，由片面到全面的认识过程，提出了"基本技术、技术动作、基本功、组合技术、对抗技术"等有关技术概念的术语。这些概念、术语从不同侧面、不同角度、不同层次揭示了篮球运动中，技术本身所具有的动作表现形式特性和运用特性这一本质特性。从这些概念的比较中，不难看到人们已经把对篮球技术的理解，由初期的只注重对动作本身的描述却忽视对技术运用的理解，上升到动作方法与实际运用相结合这样一个认识程度，形成了对技术属性的多方面认识。但是，人们在谈论篮球技术一词时，有时指的是技术动作，有时指的又是运动员的技术运用，因此，常常存在概念转移或同一名词在不同场景中具有不同含义之类的问题。[①]

毕仲春概括篮球技术的三个特点：①技术的主客一体性；②技术的动作表现性；③技术表现的合理性、实效性和观赏性。并根据以上三个特点将技术系统分为 3 个维度：①技术的物质因素部分，即身体形态、身体机能、运动素质、掌握技术动作的数量和质量；②技术的精神因素部分，即：心理品质、战术意识、知识、智能及个性心理因素等；③技术在比赛中的动作表现，即通过动作的实效性、合理性和观赏性反映运动员的技术水平（图 5-1）。

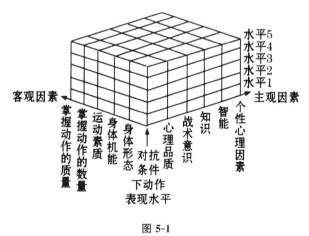

图 5-1

① 毕仲春. 篮球技术的理论研究 [J]. 北京体育大学学报，2004，8（27）：1126—1127

上面这一三维结构图表明，技术的客体部分与主体部分是统一的，客体各要素的发展都包含主体各要素的参与，反过来客体要素的发展又有助于主体因素完成更加高难的动作。

由此，我们可以看出，学习篮球技术的目的，其一是能够达到技术完成的合理性；其二则是技术运用的合理性。这就要求我们的篮球教材以及篮球教学要逐渐注重技术的运用。篮球技术的分类体系，也应从以单个技术动作的掌握为中心，逐渐过渡到以技术运用视野下的篮球技术的学习。

（三）结合篮球特点谈篮球教学

上述讲到，篮球运动具有团队性、竞争性、对抗性、游戏性等特性，那么，怎样将篮球特性充分渗透在教学之中，体现了篮球教学的理念问题、篮球技术教学方法与技术提升的层次水平问题，也即"篮球教学的螺旋上升"。

1. 教学理念与篮球特点

教学理念，主要指的是篮球教学目标问题。纵观我国现行学校篮球教学，尚存在观念滞后、理念模糊的状况。比如，从教师层面讲，篮球教学为了什么？很多教师不太明确，而多数学校的教师就认为是为应对考试而完成教学大纲要求的一般性任务，认为篮球教学只是为其他教学服务的，是辅助性的科目，所以教学态度比较被动，甚至已渐渐失去了对篮球运动教学本身的认识。这样的话，篮球教学就停留在层面化教学状态，具体篮球运动什么特性似乎就关系不大了。

因此，篮球教学首先必须明确教学理念，真正围绕教育大纲的精深明确教学目标。这里也有个层次问题：（1）篮球教学是我国教育大纲"全面发展教育"目标的组成部分，因此篮球教学目标不能与之脱离；（2）篮球教学是教育大纲"终身体育"教育的组成部分。因此，篮球教学的目的不仅仅是使学生学会一门运动技能而已，还需要将"终身体育"观念融入教学之中；（3）篮球运动具有自身的特点，而篮球教学只有在尊重篮球运动特点的基础上，方能通向"全面发展教育"和"终身体育"的目标。因此，篮球教学不能用层面化的教学方式混淆于一般体育的概念之中。篮球项目教学也和其他项目教学一样，必须充分尊重自身特性、运动规则和发展规律，才是行之有效的，才是可持续的。

2. 技术教学方法与技术提升

篮球教学方法应与篮球技术的分层特点密切结合，脱离了篮球技术的特性，也就无法有效地开展篮球教学活动。篮球技术学习，分为技术掌握和技术运用两个层次。

技术掌握部分又分为单个技术和组合技术的掌握。技术运用部分是指在比赛场景下完成对单个技术和组合技术的复杂、多变、灵活、综合、有效的运用。

因此，在篮球教学上应呈现出如下层级递进的规律。

（1）单个技术的教学。对初学者而言，对重点的单个技术的认识、学习是掌握篮球项目最基本的元素，就犹如英语学习中的 ABC 和单词。

（2）组合技术的教学。组合技术一方面是篮球技术的一项技术种类，另一方面也体现着单个篮球技术的连贯性关系。单个技术和组合技术教学是篮球技术教学必不可少的基础部分。

（3）技术运用教学。在掌握一定技术的同时，应该使学生了解在瞬息万变的篮球比赛中，为了达到某一目的，如何合理地运用篮球技术，这也是执行力的一种体现。个人技术水平体现与团队成员的有效配合。

篮球技术的教学最终要回到实战应用上来，只有在场上比赛过程中，才可体现个人技术的真实水平和技战术运用的完整性，个人价值在整个团队集体中得到发挥和提升，同时获得个人各方面能力的提升，也与团队互动发展。

三、篮球教材内容与教学

篮球教材内容是教师教学的主要参考依据。目前，我国篮球教学存在的问题，在一定程度上是篮球教材存在问题的映射。因此，必须深入认识当前篮球教材中存在的弊端。从而，对于篮球教材内容的进一步选取，应当对有效实施篮球教学提供重要的保障。篮球教材内容的系统性，体现在篮球教材内容的编排与各个学段的篮球教学合理而有效的衔接上，从而对实现教学的阶段性目标以及课程标准的整体性目标提供保障。

目前，篮球教材内容的不够系统，造成篮球教学只教授技战术，忽视技术运用的重要性等问题。现在我们研究篮球技术运用的教材内容，一般是以往篮球比赛中习得的实战经验的总结和归纳。我们把这些经验提炼成篮球技术运用的知识，再根据学生的实际情况，以教会学生打篮球为目的，以技术运用为分类标准，组合成篮球教材内容体系。这部分内容，填补了新课标的水平分类中对于篮球技术运用教材选取上的空缺，以实现课程标准下篮球教材体系的完整性，为不同水平的篮球课程提供可供选择的，并具有时效性的篮球技术运用教材方面的内容。

（一）传统篮球技术分类

经总结，传统篮球的技术分类有以下几种：①按技术动作的攻、守属性，分为进攻技术、防守技术；②技术与技术动作相结合的篮球技术分类体系，分为技术基础、获得球技术、支配球技术、投篮技术和一对一技术；③按队员与球的关系特点分为无球技术、获得球技术、控制球技术和支配球技术。按不同分类标准建立的分类体系，各有其适用范围，各有其理论与实践价值，每一种篮球技术动作分类标准的选定，都代表了不同的侧重点。

1. 按技术动作的攻守属性

按技术动作的攻守属性分类，重视的是基本技术的掌握。这也是最传统的、采用最普遍的分类方法，这种分类方法体现出篮球运动以攻守为主的基本特点。但是这种分类体系，却使得篮球技术独立起来，很难有效体现技术运用的部分。例如，最近出版的教材中虽有提及技术运用，但也只是简单停留在技术动作的学习中，并没有办法对其进行系统的论述，因为技术运用不只是单个技术动作的运用，还涉及技术动作的链接与组合，以及连贯技术与组合技术的运用等，所以这些在这种独立技术的分类体系中很难得到体现，反而造成了对技术的孤立教学。攻守技术性质分类如图 5-2 所示。

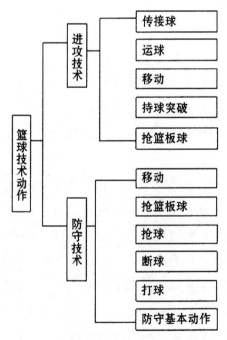

图 5-2　攻守性质分类体系

2. 技术与技术动作相结合的篮球技术分类体系

依据篮球运动技术对抗和非程序性规律设计的新技术分类体系，是基于篮球运动技能的对抗性与开放性特点，在对抗、组合技术思想指导下，以动作组合目的的相似性进行归类，将篮球运动技术分为技术基础、投篮技术、获得球技术、支配球技术和一对一技术五个大类。比赛是技术运用的体现平台，技术组合需要有场景才能发挥技术组合特有的作用。然而，在现行篮球教学中，教师过于注重教授学生技术的掌握，几乎没有教授学生技术运用，或是只教组合技术，但是没有进行背景分析等。如何最有效地教授学生技术运用呢？这就对现有的篮球技术分类有了新要求，就需要对传统篮球教学模式下技术分类的创新，即在保留攻守思想的基础上，构建技术运用体系，解决篮球教学与篮球比赛脱节的现象。

3. 按照队员与球的关系特点分类

此种分类[①]主要依据动作技术的相似性，按照比赛中人与球不同的攻守状态来划分，是依据动作技术的迁移理论，并以解剖学、生物力学为基础，对相关技术动作进行分层设计的篮球技术分类体系。这也为实现动作技术教学的高效性，便于教师制订教学大纲和掌握教学进度提供了前提。其具体分类是：第一级分类标准，是以人与球的关系为对象，以此划分为无球技术、获得球技术、控制球技术、支配球技术。然后，第二级分类标准，是以各类技术动作的专有属性为对象，将无球技术分为脚步动作和手部动作；获得球技术分为接、抢断球和抢篮板球技术动作；控制球技术分为运球和持球技术动作；支配球技术分为投篮和传球技术动作（图5-3）。最后，第三级分类标准，是以动作的组合结构作为对象，将技术动作划分为一元单个、二元组合、三元组合、四元组合等技术动作。以此为标准，还可以组合五元、六元技术动作。但是在训练实践中，人们较常用的是二元、三元、四元组合动作，所以本书只列到四元组合动作（图5-3、表5-1）。

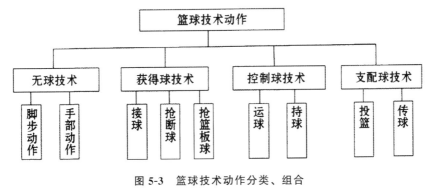

图 5-3 篮球技术动作分类、组合

---

① 刘玉林. 现代篮球运动研究 ［M］. 北京：人民体育出版社，2006.

表 5-1　按技术组合结构分类

第一级	人与球的关系	无球技术	获得球技术	控制球技术	支配球技术
第二级	专有属性	跑动、跳动、转动、滑动	接球、抢球、断球、抢篮板球	持球、运球	投篮、传球
第三级	一元单个技术	起动、向前、后跑等；原地单、双脚跳；原地前、后转身；前、后、侧后滑步	原地单、双手接各种球等	原地持球；原地变向、胯下、背后运球等	原地单、双手各种传球；原地单手肩上投篮；原地双手胸前投篮
	二元组合动作	变向跑、转身跑等；行进间单、双脚跳等；转身滑步等	行进间单、双手接各种球，原地跳起接各种球等；原地跳起抢各种篮板球，抢断球	原地持球转身等；行进间急停、急起运球，行进间高、低球等	原地跳起单手肩上投篮；原地跳起单、双手各种传球等
	三元组合动作	行进间单、双脚跳起转身等；行进间急停、转身、滑步等	行进间单、双手接各种球；行进间跳起单、双手抢断球等；行进间跳起抢篮板球等；挡人抢篮板球	行进间提前、背后，胯下变向运球等；行进间前、后转身运球等；交叉步突破、同侧步突破、后转身突破	行进间跳起单手肩上投篮、原地跳起转身投篮、行进间单手双手扣篮等；行进间跳起单、双手传球等
	四元组合动作	行进间急停，单、双脚跳起转身等	行进间跳起转身、单、双手接各种球，行进间跳起转身、单双手抢断球等；行进间转身跳起抢篮板球等	交叉步、同侧步或后转身突破接球急停等	行进间跳起转身单手肩上投篮；行进间单双手扣篮等；行进间跳起转身单手、双手传球等；运球急停跳投

　　按照技术动作攻守属性分类出现的问题已逐渐得到人们重视。一味要求单纯技术掌握而造成学生实际攻守能力的缺失，使人们正在寻找出路，大家试图打破过去的束缚，提出按照队员与球的关系进行分类的观点，因为篮球运动是以球为核心的运动员行为。这一观点在一定程度上解决了若按技术动作攻守属性分类却缺少运用部分的问题。因此，每一种分类都体现出针对不同问题的目标趋向性，比如，对于训练和教学都有其分类方法。

但是，篮球运动的本质属性具有游戏性，这是不变的，因此，训练应趋向在比赛中获胜，以其体现竞技性、游戏性特点。篮球教学也应遵循篮球运动的规律，体现健身、竞争以及愉悦身心的功能，同时还应注重培养学生的团队协作精神，最终目标是教会学生打篮球，养成锻炼的习惯，建立"终身体育"的观念，形成健康的生活方式。竞技篮球常常要求的是利用规则，然而篮球教学则是培养学生遵守规则，两种情况对于规则的认识存在不同的要求，所以在必要的学习阶段可以适当简化规则。

因此，考虑篮球教学当前以技术教学为主，学生在篮球课上学不会打篮球的现状，我们找出原因，认为很大程度上是篮球教学没有充分认识"球员与球的关系"问题，而这种关系的有机性则是需要通过比赛练习获得的，我们现在正是缺乏竞赛教学模式。那么如何在学校有限的时间内教会学生打篮球，首先就是打破以往以技术为主的教学模式，建立从运用、提高与发展的视角而实施的科学的教学模式。其次要多开发比赛形式的教学方法，使学生从单纯的技术掌握，回归到技术掌握与技术应用中来，在比赛实践中锻炼和提高篮球运动的综合能力，使学生真正认识篮球运动的真谛并学会打篮球。

（二）传统篮球教材体系下教学方法的选定与不足

在篮球教学中，教学思想总是会受到已有篮球教材内容体系的影响，而不同的篮球教材内容体系的构建也反映了不同的教学思想。在篮球教学中，对篮球教学方法的选择，也就体现出对篮球教学思想的理解与运用，因此教学方法是受到教材内容限制的。同样，随着时代的发展，一些新的篮球教学方法也在一定程度上影响着教材内容的变化。

1. 教学方法的选定

在传统篮球教材体系内，篮球教学方法基本是围绕单个技术动作进行的程序化传授方法。因此，教学就只注重技术动作的掌握，追求技术动作的标准化、规范化，也更注重技术动作的细化，这使得篮球技术动作越来越呈现孤立分化趋势，篮球运动教学就分解成篮球技术与动作的讲授。

2. 教学方法的不足

首先，传统教学方法受到传统教材内容的局限，于是使教学中出现机械式教学、"填鸭式"教学等教授方法就是必然的事。教师主要是以技术讲解和动作示范的手段开展教学活动，教学方法僵化，缺少教学思考，变成按部就班、照本宣科，因此出现教技术、考技术，却教不会学生打篮球的现象。

其次，篮球教学手段的创新受到篮球教材内容的局限。比如，若用数学和语文教材的例子来解释篮球教材的话，语、数两种教材是存在显著差异的，数学的逻辑性很强，需要与之相匹配的缜密解题运算模式方法进行教学，显而易见这种方法却不适用于语文的形象性思维教学。由此说明，教学方法的选择必然会受到教材内容的制约，篮球教学也毫不例外。因此，在传统篮球教材内容的框架下，篮球的教学方法难以得到大的突破，即使有创新要求也难以实施。

（三）传统篮球教学的弊端及对新篮球教材的迫切要求

在解决通过篮球教学教会学生如何运用篮球技术打篮球，并使学生能够喜欢篮球课的问题上，教学方法在不断推陈出新、不断发展，这体现了篮球教学思想的转变。因此，对能够与更加进步的教学思想相匹配的、以技术运用为视角的篮球教材的需求十分迫切。

1. 传统篮球教学的弊端

从传统篮球教材强调技术的教授看，它造成的直接弊端是，学生学不会打篮球。除了学生对篮球技战术的掌握仍是一知半解，学生的篮球意识、篮球爱好、身心锻炼等方面都没有得到相应体现。一方面，可以说学不会打篮球，是没有掌握好篮球运动的重点技术；另一方面，也是更重要的方面，则是对已掌握的技术不知如何运用，缺乏在实战比赛的综合学习中获得篮球运动意识。为什么学了半天技术却还是掌握不好技术？现在篮球教材对技术分类讲究细化，每个动作要领都要求精细而全面，虽然这对于学生掌握正确的技术动作有一定效果，但忽视技术之间的连接与组合，特别是忽视技术的运用，难以培养学生在实战中解决实际问题的能力。如果学生不学习如何在比赛中运用技战术，那么靠仅有的片段性的、没有连接的篮球技术知识，必然会造成在场上无所适从、手忙脚乱。例如，一名平日投篮技术掌握得很好的学生，本来命中率很高，可当比赛中遭到攻防时，他连续投篮失误，命中率甚至可能为零。机械地完成技术动作却发挥失当，也把握不住瞬间出现的机会，显然是一个没学会打篮球的人。从而可以看出，传统的细化技术分类、以掌握技术教学为主的教材不仅不能教会学生打篮球，还可能会使学生丧失打篮球的兴趣。

因此，传统篮球教学的弊端就在于，受规范性和"打基础"等传统思想影响，教学以单个动作的学习为重点，有限的教学时间内只教学生学会了一些与田径、体操等项目没有什么区别的单个动作，最后既没有时间运用这些动作，也不知如何运用这些动作。

研究表明，篮球比赛则是学生在遵守篮球规则的前提下，有意识运用技术的过程，采用哪种技术，怎样运用才能达到个人和全队的目的等等都是我们要在比赛中随时考虑的。技术和规则是外显的知识，而意识则是对技术和规则的理解，也就是通过场上的变化对以上两者思辨的过程。篮球意识作用于技术和规则的结果便是技术运用。而缺乏技术运用教学和比赛教学则是传统篮球教学最大的软肋。因此，可以看出，传统篮球教材存在因技术运用内容缺失而导致的篮球教材内容系统性和完整性缺失的问题，阻碍有效篮球教学的实现。

从传统单一的教学方法看，它的弊端是既没有方向性，也缺乏层次性，更缺少有效性，甚至造成教学方法出现偏颇。例如，有的教学方法以技术为主，有的又注重战术教学；有的重视学生体验篮球运动的快乐，有的又完全不考虑学生的体验。技术教学的限制，使教学方法忽视了篮球运动的特点、功能和价值的整体性和相互间平衡性，顾此失彼，忽左忽右，造成教师几个学期费很大力气也教不会学生打篮球的尴尬局面。

教材内容是教学实施的主要载体。教学方法则是教学实施的具体体现。篮球教学方法的选择受到篮球教材的影响，因此对于建立在篮球规律上的新篮球教材的迫切需求，也是改革篮球教学方法的前提。

2. 教学方法的创新对新篮球教材的迫切要求

在以我国教学大纲和新课改方向为指引的前提下，教学方法也应打破单一性，要探索多元性教学方法。比如，在学习原地双手胸前传接球的技术动作时，我们可以采用传统的程序教学法或掌握教学法。如果学习运动中传球动作，则更适合选用比赛教学法或领会教学法，会使学生对整体的配合以及技术的运用有更准确的把握，等等。然而，我们在这里主要探讨的并不是如何选择教学方法的问题，而是探讨以篮球技术运用为视野的与教学方法相匹配的篮球教材内容的选择与编排问题，从而来解决虽提出更行之有效的教学方法却缺少相匹配的教材的尴尬问题。

近些年来，随着对篮球教学方法的不断探索，世界其他国家突破传统篮球教学思想的教学方法应运而生，具有代表性的是英国拉夫堡大学两位教授——宾嘉和霍普于1982年首先倡导的"领会教学法"。他们认为，在球类项目的教学中，传统教学方法称之为技巧教学法，应该被领会教学法代替。其指导思想是，应该把球类运动的特性及战术意识放在教学任务的首位，而不应该像传统教学法那样把技巧动作本身作为球类教学的重点。篮球运动是一项游戏性很强的集体对抗项目，篮球运动的比赛形式使运动员在复杂的环境中受到锻炼，所以篮球运动具有游戏性、对抗性、集体性、趣味性、复杂性和灵活性。在教学中只有反映了以上特点，才是篮球教材内容选择的意义所在。

然而，我们也看到，领会教学法注重的是学生篮球战术意识的培养，但是它虽然淡化了单一技术的学习，对于技术运用的诠释却只停留在泛泛地学习和自我体会与摸索上，并没有提升到针对篮球技术的运用进行体系设计和系统教学的高度，这也从侧面反映出现在篮球教材在技术运用层面上内容的缺失。

当然，每一种教学方法为了一定的目标而运用在某一项教材内容时，教学效果和结果也是不同的。因此，符合教学目标、适合教材内容的教学方法就是合理的适用的方法。

学校教育是把当前最先进的知识系统按照学生的发展，通过选取、转化，进行系统地梳理安排，再通过合理的方式传授给学生[①]。学校体育作为学校教育的一部分，起着重要的作用。篮球教学同样也应遵循学校教育的基本规律，构建符合篮球教学目标、符合学生身心发展、考虑学生不同水平阶段的需求的系统性篮球教材体系，这其中当然就涉及篮球基本技术、基本技术运用、基本战术、规则等以及更丰富、更完整的内容安排。王策三在提出制订教学计划的原则中提到"适当分段，相对完整，互相衔接，基本一贯"[②]，就讲到从小学、初中、高中适当分段，每一阶段的课程也要相对完整并相互衔接和贯通，避免篮球教学中一"传"到底的现象发生。

经分析研究，技术运用视野下的篮球运动教学应具备以下内涵：①技术运用培养学生的创新能力、思辨能力；②篮球运动具有体验性，能够培养学生对自我感知觉的正确认识；③篮球运动是团队合作与竞技相结合的运动项目，培养学生的社会性，与同伴有效沟通的能力；④篮球比赛的竞技性，培养学生正确认识自己，了解对方，不断地在变化的环境中进行博弈，进行自我剖析；⑤技术掌握是知识性的，技术运用是能力层面的，对于篮球运动的学习是缺一不可的。在整个教学中，注重教授动作技术，淡化运用能力的教学是不符合篮球自身的运动规律的，也是违背学生个人发展的。

目前，国内外也有一些推陈出新的篮球教材内容，但是，虽然涉及技术运用的教学，却多数是针对篮球专业训练而设置的，对于中小学或高校普通学生的这方面教材还是明显匮乏，而且都没有形成以教会学生打篮球为目的、以技术运用的教学思想为核心的系统性篮球教材体系。可见，对于篮球教学中存在的问题没有根本性的改变。因此，我们尝试在技术运用的视野下，通过构建对篮球技术如何运用的教材内容，来指导学生进行篮球运动，为学生更有效地学习打篮球、教师更有针对性地教学生打篮球提供借鉴。

综上所述，以技术运用视野下的篮球技术分类为教材进行教学，有助于学生解决

① 王策三．教学论稿［M］．北京：人民教育出版社，2005.
② 同①.

篮球比赛中的实际问题，好比我们在做数学应用题时，需要在理解题目的前提下，通过多种公式的组合运用才能解决实际问题。同样，在篮球实战中，也需要学生运用已学的技术来解决如何摆脱对手、把握时机、跑动选位等问题，这对于学生能够学会打篮球至关重要。因此，在教学中，对以技术运用视野下的篮球技术分类的教材内容有着迫切的需求。

第三节　篮球课程的教材内容安排

一、"渐变双螺旋式"教材内容指导思想

"渐变双螺旋式"技术教材内容思想是北京师范大学体育与运动学院杨国庆教授在汲取直线和螺旋式教材构建模式的优点基础上，以二者的连续性和互补性相结合而创建的一种课程教材建设思想。直线排列是指该教材教过以后基本上不再重复出现，而螺旋排列又可称为圆形排列，即有些教材在各年级反复出现，教材性质相同，要求逐年提高。基于技术掌握与技术运用辩证统一视角的"渐变双螺旋式"教材内容将技术掌握与技术运用的两条螺旋曲线有机地融合，成为一个相互联系的有机整体（图5-4）。

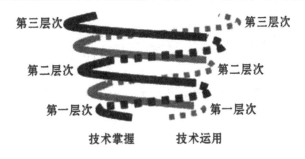

图 5-4　"渐变双螺旋式"教材内容体系示意图

二、分配比例指导思想

构建篮球教学竞赛的技术掌握与技术运用教材内容分配的比例图（图5-5），在三个透明的圆筒中混合放满白色和黑色的两种圆球，白色圆球代表技术掌握的教材内容，黑色圆球代表技术运用的教材内容。随着学生年级的递升，技术掌握的教材内容比例应该逐渐减少，相反技术运用的教材内容应该逐渐增多，具体教材内容比例根据学段和学生的技术学习情况适当调整，但总的渐变趋势不变。在小学阶段以技术掌握

为主，如篮球技术中传接球、运球和投篮等技术掌握教材内容所占的比例要多；到中学阶段以技术运用的教材内容所占的比例要随着年级的升高相应加大比重，如篮球中的获得球、突破对手、助攻等技术运用的教材内容所占的比例要多；到大学阶段应该是基本以技术运用的教材内容为主，即教学生如何打比赛，也就是完成从小学到大学球类技术运用能力的层次与逻辑递进，使课程教材内容更加系统化。

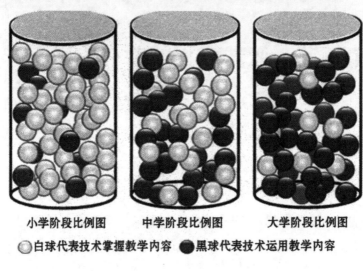

图 5-5　中小学技术掌握与运用教材内容比例图

技术掌握与技术运用教材内容分配比例的走势如下图（图 5-6），技术掌握教材内容的曲线随着年级的递升而逐渐减少，趋势如图呈现出学习技术掌握的教材内容越来越少，如违背这一教材内容安排的规律就会出现教材内容的简单重复，缺乏逻辑性的问题。以篮球教学为例，虽然各学段对篮球传球的技术规格要求有所不同，但如从技术运用视角去构建教材就不会出现传球从小学一直传到大学的这种低级重复的怪圈。

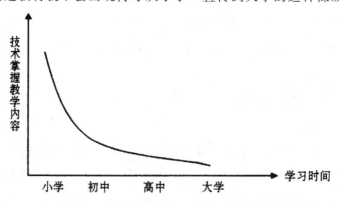

图 5-6　技术掌握教材内容分配比例趋势图

技术运用教材内容的分配曲线正好与技术掌握内容渐变趋势相反（图 5-7），随着学段的提升而安排的比例逐渐加大。例如，安排篮球的传接球技术掌握内容时，增加安排不同情境下的获得球和助攻技术运用的内容。

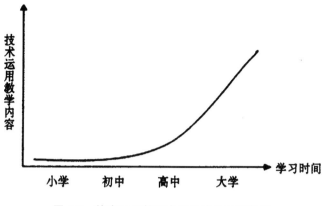

图 5-7　技术运用教材内容分配比例趋势图

三、篮球教材内容排列体系与教学

体育课程属于学校教学的一部分，一方面要合理安排体育课程在整个学校教学计划中的比例，这是体育课程在横向上的比较；另一方面，学校体育对于每个学生来说是贯串他学习生涯始末的，那么从纵向上，要结合学生自身发展的特点，并结合各个学习阶段的要求，做到学生体育方面最优化的、完整的课程教学体系的构建。

篮球教材内容排列体系，狭义上讲，是指教材的内容结构，广义上讲，是指篮球教材内容在篮球课程和大中小学篮球教学的教材内容的系统的设定与排列。在狭义上讲，教材的结构对于篮球教学提供一种参考，有时候会起到导向性作用。例如，在中学的教材中，对于篮球教材内容的排列主要是以传统的篮球技术分类体系为依据的排列方式，这使得教师在教学中选择教材内容主要以技术掌握和战术介绍为主。对于篮球课程的内容排列，主要体现在大中小学篮球教材内容的衔接上。不论是广义上的还是狭义上的，对于篮球教材内容排列的总目标都是教会学生打篮球，体现篮球运动的价值。不同之处在于教材体现的是同一学段（水平阶段的）学生的因材施教，体现篮球教学目标分层的特点。不过对于目前的篮球教材而言，对于学段教学在篮球教材中的体现还不是很明确，因此，我们在此主要是以广义的篮球教材内容排列体系为主。

篮球教材内容排列体系，从大中小学关于技术运用的排列出发，以螺旋式上升的形式进行编排，重点部分有所重复，并在此基础上拓展相关技术运用的内容，激发学生的创新能力。技术传授与技术运用部分在各个水平阶段符合学生身心发展的要求，凸显学生的主体性。篮球教学主要是对于教材内容的选取问题。下面关于教学做出以下几方面的理解。

（一）篮球教材内容的要求

1. 教学目标的制定

（1）连贯性原则。首先，制订教学目标要按照课时计划、单元教学计划、学段教学计划、水平阶段直至最后各级学校的目标进行，符合教会学生进行比赛的整个学龄阶段的篮球教学目标，始终与课程总目标保持一致。

（2）以学生为主的原则。其次，在教学过程中，制订教学计划、编写教案，都要做好学情分析，根据学生已有经验和水平制定目标，如学生应该掌握哪些技术运用知识，达到什么水平。

（3）全面性与个别差异相统一的原则。针对学生的篮球掌握的不同阶段、不用水平制订相应的目标，在整体的目标体系中，进行细化、分层，达到目标体系的全面性，体现以学生为本的教学宗旨。

（4）严谨性原则。不仅是指技术运用教学目标设定，更要细化到表述要求；这对教学实践与实施的有效性起着关键性的指导作用，与教学评价相互影响，为教学评价做好依据。

要采用可观察和可测量的显性动词来表述。有学者把教学目标表述的基本方式分为两类：①采用结果性目标表述，适合于"知识与技能"领域，因此适合于技术运用教学的目标的表述；②采用体验性或表现性目标方式。

对于技术运用的评价目标的表述（观察性的），以及学习后对于其他领域的目标的实现可以通过问卷的形式对其进行调查。

2. 各个教学阶段（水平）的教材内容的选择

教材内容的选择要符合教学目标，对于大中小学教材内容选择的要求：技术运用呈现螺旋上升。在各个学段的教材内容与学校体育教学计划相一致，各个水平的教材内容选择结合各个学段（初中、高中）教材内容进行编排；以此类推，到各个年级，学期一单元一课时教材内容的编排要呈现系统性与衔接性。主要体现在以下几个方面：①各个水平教材内容的选择；②单元教材内容选择；③课时教材内容选择。

各学段教学内容的联系性也是教材内容选择的重要标准之一。如三帆中学，三年6个学期，一学期12次课，一学期4个月，一学期4个项目，每周3次课，考试1次，机动1次，每个项目10次课，对于篮球教学来说，3年就是6个学期，就是60次课，这60次课上什么？应该怎么样安排教材内容呢？每个年级20次课，初中一年级和初中二年级教材内容有什么联系呢？

目前，篮球教学主要是技术的传授。例如，排列的方式是单螺旋的形式，然而，其他学科主要是直线型的排列方式。以数学为例，在初中教过的内容，就不会在初二继续出现。对于篮球教学，在初中一年级传授双手胸前传球，在初二的时候还是会传授这些内容，这体现出我们篮球教材内容排列的系统性和层次不清的问题。对于技术的传授在不同的学段，不同的水平阶段，应该选配不同层次教材内容。例如，初中教授传授胸前传球，在初二就应该传授其他种类的传球方式或者与本阶段内容相符的传接球技术组合动作。

对于篮球教学中的技术传授与技术运用的教材内容，在不同的学段，不同的水平阶段，应该有相应的分配原则。对于初一，传授双手胸前传球和技术运用的部分就应该适当进行比赛中的运用，为了实现此技术的运用，可以简化规则；对于初二，教授背后传接球等相关传球技术，对在比赛中最常用的技术做介绍，其他捎带介绍一下，着重将技术的运用在实战中的运用作为主要内容；对于初三，可以把适合的篮球比赛的形式作为载体，来实现技术运用的教学。

教材内容的排列体系在教学中是呈现阶段性、规律性的变化的。技术动作逐渐丰富，伴随着技术运用内容的丰富，教学比赛规则越来越接近正规。技术动作的不断积累，技术动作的组合也在变化，同时伴随着技术运用的更加丰富，规则内容的增加。技术动作与技术运用的教材内容，随着学生不断学习，不断进步，将会更加丰富和具有创新性。因而，技术动作、技术运用和规则三方面的内容相互影响，互相作用，使得教材内容体系不断地提升。技术教学与技术运用教材内容在各水平阶段的有限时间内，随着水平的提高，比例出现变化，技术运用内容逐渐增加，基本技术动作逐渐减少。学生通过各种方法在课余时间进行技术动作的学习。

初中一年级与初中二年级在篮球教学上有什么联系呢？现在篮球教学中存在技术教学为主的现象，在教材内容上重复，有些学校在初中和高中教授的内容难易程度没有明显的区别，在考评环节考试的内容也基本一致，只不过是标准有所区别；除了在教材内容体系上体现教材内容的系统性，在各水平阶段，各个单元教学计划、课时计划中都要有所体现。如何实现有效衔接？学校每学年有两个长假——寒假和暑假，在初中阶段和高中阶段，有效利用寒暑假的时间对学生的课外体育活动进行指向性的任务安排。在初中阶段与高中阶段的篮球教学中要实现初中考核的内容与高中阶段的对接。

3. 对于篮球教学活动的要求

（1）篮球运动从属于开放型的运动技术，在项群理论中属于同场竞技类项目。因此，篮球教学要突出技术教学与技术运用教学并重，结合学生的发展合理分配技术教材内容与技术运用部分，并突出竞技性的特点，发展学生竞争精神与团队协作的品质，尽可能多组织教学比赛，在比赛中获得技术运用的机会，并培养解决问题的能力。

（2）体育课属于活动课课程，在中小学属于小学科。因此，在教学课时上的分配比例相对较少，其重视程度也不尽如人意。因此，如何在有限的时间内，加快学生篮球技术水平的提高，培养学生的篮球技术运用能力，激发学生的兴趣是根本的解决方法，为什么这么说呢？夸美纽斯曾说过："兴趣是创造一个欢乐和光明的教学环境的主要途径之一。"兴趣是自发的，是对某种事物的趋向与动机，一旦有了兴趣，学生就会抓时间去进行篮球运动。因此，在篮球教材内容上一定要兼顾，有限的时间内，培养学生的兴趣。

（二）目标设定排列的要求

分析篮球教学中脱节现象和教学重复的现象。根据篮球特点结合其教学价值以及学生的需求设定实现教会学生打篮球，并实现终身体育教育目的的层次目标。技战术目标设计根据篮球运动技战术能力发展的阶段性和重复性特点，目标连接为"接触球—提高控球能力—提高基本技能—掌握基本战术—提高技术的实用能力—提高比赛参与能力"。目标体系呈现线性上升的趋势，这在一定程度上体现不同阶段，根据学生的实际情况，篮球教学的侧重点，对教材内容的选择和方法选择提供依据。

（三）基本的技术运用教学方法介绍

1. 领会教学法

所谓领会教学法，是指在体育运动教学中打破以往重视强调技巧的"技巧教学法"，而以体育运动本身的特性及战术意识为重点进行教学，使学生在领会体育运动自身技战术本质规律和内在联系的基础上，体验运动快乐，增强运动兴趣，并提高自身技战术水平，掌握领会所学的知识技能，达到预定的教学目的。当然，这种教学法主要运用于技、战术本身及其临场运用较为复杂开放的球类运动项目教学当中。

领会教学法的主要理论依据和基本思路有三点：第一，在教学活动中要体现现代球类运动的特点，意在要求运动者不仅仅要掌握精湛全面的动作技巧，更要具备在比赛场上随机应变的能力；第二，要把学生对战术的领会理解作为教学的重点，当然，顾名思义，领会教学法就是要在教学中侧重让学生领会和理解球类运动的本质和规律，其有两层含义，一是比赛的经历强调了学生的领会和理解，二是学生的领会和理解进一步促进了自身比赛水平的提高；第三，在教学活动中要着重培养学生的决断能力，领会教学法要从发挥学生的主观能动性入手，激发学生学习的积极性、主动性和创造性，加强对学生临场的判断和选择等决断能力的培养。

领会教学法的教学过程一般包括教学项目介绍及比赛概述、战术意识教学、瞬时决断能力训练和技巧教学四个部分。例如，简单的案例说明，即投篮教学案例，运用领会教学法进行投篮教学，主要教学目标是使学生能够把握投篮机会并运用正确投篮动作，根据这一目标，教学程序分为三步。

（1）培养学生把握投篮时机的能力，制定具有限制性的比赛，并引导学生进行时机讨论，加强学生的理解。

（2）教师以投篮技术练习为重点，以学生自身能力和个体需要为条件，制定练习方法和组织形式，发挥学生主观能动性。

（3）教师以进一步提高学生把握投篮时机的能力为目的，以教学比赛和实战练习为手段，对学生进行时机演练，并引导学生进行讨论和自我总结。

2. 篮球三人教学法

所谓篮球三人教学法，是指在篮球教学过程中，三人一组进行多种形式的练习或比赛，共同研究、提高篮球水平的学练方法。篮球三人教学法不只是一种练习的基本单位，它还代表着一种主动的、研究的教学形式和多种变化的练习和比赛形式。

若更进一步地解释篮球三人教学法，应从三个方面入手。

（1）在相对固定的学练单位，采取学生的自由组合与教师的分配相结合的教学方法，对相对固定的学习小组，进行简单技术的学习或是配合方面的演练，也可以通过各种形式的比赛和集体评价的方式进行，所以以三人小组为基本单位，以争取达到全体参与和人人成功。

（2）教学形式要有主动性和研究性，三人一组主要是针对教师安排的学习任务并根据自身特点，在教师提供的练习形式基础上，自己进行研究、变化新的形式，从而达成教师预定的目标，并不是简单化地完成教师布置的任务。

（3）各种练习和比赛形式，把学习到的东西灵活运用，练习方法运用在各种比赛和对抗中。

（四）篮球教材内容的层次划分与安排

1. 学生对于篮球教材内容排列的意见要求

教学中一贯的做法是，将学生的学习成绩排名，分出等级，这样有助于学生的积极进取，但是评价方法使得一部分学生失去了对篮球的兴趣。布鲁纳的"掌握学习理论"认为，教学中应该克服学生成绩呈正态分布曲线的偏见，并提出，学生在学习能力和学习速度上有一定的差异，如果给予适当的条件，落后的学生只是需要增加学习的条件，学生学习的结果受自己学习速度和学习能力的影响，如果给予充足的时间和适当的条件，大多数学生是能够达到预定的水平的。因此，针对学生的个体差异性，要在教材的内容上进行分层，对不同的学生选取相对应的教材内容，使每位学生都有进步的空间，达到学生整体学会打篮球的目标。

学生喜爱篮球运动，也是出于对一种时尚的追求。现在的学生易接受新鲜的事物，对新兴的事物充满好奇心，因此，要充分挖掘篮球运动的实用价值，选择一些新兴的、富有时代气息的、学生喜闻乐见的篮球教材内容供学生学习，如在课余时间获得篮球知识的方式介绍，锻炼方法如何通过网络查询筛选，如何利用篮球运动制定符合自身的健康运动处方等。

2. 符合各阶段学生身心发展的规律

初中阶段的篮球教学应侧重于运动中（或静止）保护、控制和支配球的练习形式，在游戏中选择时机和抢占空间的基本技能练习，在竞赛的环境和教学比赛中进行扮演角色的配合练习，以突出基本技能、竞技活动规范的内涵。

一般选择篮球基本知识、运球、传、投等基本练习，游戏化的基本配合与对抗练习，弱化规则的教学比赛。高中篮球教学侧重于运动中的保护、控制和支配球的练习，相互协同中制造时机和抢占空间的练习，在模拟竞赛中扮演互助角色的组合技能和基本配合练习，半场或全场规则的泛化规则的教学比赛活动，以及竞赛与裁判方法的探析，以彰显其基本技能技巧、合作与竞争内涵，竞技品质和文化色彩。一般选取篮球技术组合技术、技能练习、基本配合与对抗练习、竞赛中的角色演练及泛化规则的教学比赛活动作为教材内容[①]。

---

① 杨铁黎，季克异，肖彤岭.体育教学指导［M］.北京：高等教育出版社，2011.

第六章　高校篮球教学的考核与评价研究

在篮球运动教学过程中，考核是进行信息反馈和调节的一个重要环节。但是值得注意的是，很多学校目前采用的大多是总结性评价为主，平时表现为辅的评价方式，这种方式，很难对学生进行全面客观的评价，导致学生的学习积极性下降。基于上述原因，本书在阐述高校篮球教学的考评基础上，对高校篮球教学评价改革的方向与方式进行了探讨。

第一节　篮球教学考核评价的目的与原则

一、考核评价的目的

考核是篮球教学的一个重要环节，对学生的学习行为起着检测和导向作用。众所周知，现行的学校篮球教学考试，是以技术达标考试和身体素质达标测试为主的考试。首先，考试内容因片面强调技术，反而无法全面反映学生的综合技术水平。其次，这是一种只注重考查结果的考试。然而，篮球学习成绩的体现是贯串在整个学习过程中的，因为篮球运动的丰富性使它的内容涵盖广泛，除了篮球方面的，还有身体、心理、集体、社会适应等方面的内容，这些方面的发展都不是简单平推的，这些内容也是简单的达标考试无法评价的，因此必须融合在整个教学过程的评价中。学好篮球技术的目的是为了学会打篮球，而学会打篮球的目的是通过具体运动建立"终身体育"观，最终是为了学生的全面发展。所以，篮球技术教学的视野，应放在体育教育目标的大背景之下考量，要与现代教育方向保持一致。所以，篮球教学注重技术考核的片面和局限，不利于学生的篮球运动能力和锻炼习惯的培养。尤其对于篮球技术水平较差的同学更是如此，技术考核不达标，就等于被否认了这方面的运动能力，学生从自尊到愿望上就都会变得消极。而实践与研究也证明，那些篮球技术较差的同学，经采取"针对性练习"提高了运动能力。在技术考核中得高分，但比赛场上的综合能力却不尽人意。这种结果的导向，会造成学生对篮球运动价值认识上的偏差。

篮球考核是与篮球教材密切联系的，教材内容是考试内容的直接依据，而篮球教材也直接影响着篮球考核的方式。因此，篮球教材的编制，要考虑到篮球教学评价的权重，对于篮球技术的考核部分，应从综合运用的角度考量，要平衡掌握技术的过程与运用技术的结果的评价。多方式、多元化的考试方法，也是学生乐于接受的考试。

二、考核评价原则

科学性与可行性是高校篮球教学工作者在篮球考核与评定中需要遵循的两项基本原则。可靠性、有效性和客观性是科学性的具体表现。可行性原则要求考核人员采取与篮球教学实际情况相符的方法来进行考核，确保现有条件可以使评定的目标顺利实现，同时确保所选择的考核方法在教学实践中能够得到运用。在遵循科学性与可行性的基础上来开展考核工作，需要考核人员对有关体育测量与评定的基本知识进行掌握，对篮球教学的基本规律能够熟悉，并在不断的探索实践中对篮球考核方法和评定标准进行制定。

为了科学准确地开展考核评定工作，必须对可用于评定指标的信息进行采集。指标是信息的载体，在对指标和方法进行确定时，必须对如下原则加以贯彻。

（一）可靠性原则

篮球教学考核人员在具体的考核与评价过程中要遵循可靠性原则，针对同一批学生，在相同的测试条件下采用相同的测试方法，通过重复测试来检验结果是否一致。如果测试结果高度一致，表明该测试方法具有较高的可靠性；如果测试结果差别很大，表明该测试方法可靠性低，考虑采用其他方法进行测试。

（二）有效性原则

有效性指的是测量方法与预计测量内容之间的一致性程度，所采用的测量方法应能够将拟测量事物的本质特征体现出来。所以，在对考核标准进行制定和选择时，必须确保考核标准的指标含义是明确的。测量方法达到测量目的的准确程度直接决定了测量有效性的高低，如果方法与目的高度一致，就说明策略的有效性高；如果二者一致程度较低，说明有效性就低。进行篮球技战术及其他技能考核时，可采用的方法有很多，在具体的选用中要特别注意方法的可行性，尽可能选用能够将教学大纲规定的技能考试内容准确反映出来的考核方法，在选定后通过反复实践来检验其有效性。

（三）客观性原则

篮球教师对学生的学习情况进行考核，需要做到客观真实，即评定或评分要具有真实性。多名考核人员对同一名学生在测量结果上的一致性程度反映了考核结果的真实性。如果多名主考人员对同一名学生给出的评分相近，表明他们对该学生的考试表现有比较一致的看法，这样的测量结果就具有较强的客观性；如果不同主考人员对同一名学生给出的评分相差较大，说明他们对该学生的考试表现存在着不同的看法，这样的测量结果也不具备较强的客观性，无法真实准确地评价学生的学习情况。在篮球考核过程中，应对考核标准进行明确，对考核程序做出严格的规定，尽可能消除主考教师个人因素的干扰，避免考核的随意性与偶然性。

第二节　篮球教学考核的内容与比重

一、体能教学训练考评的内容

和其他种类的体能运动一样，高校篮球教育也要有一定的考核以及评价体系，而评价体系的构建，离不开相应的考评指标。具体而言，高校篮球体能教学一般由一级指标以及二级指标双重指标构成。而一级指标，主要包括体态、机能、运动素质乃至技能类指标之类。

（一）体态类指标

所谓体态类指标，也就是对运动员或者学习者外形的考核指标。这一点不仅在考核的时候十分重要，而且对篮球选材也有很重要的影响。具体而言，体态类指标的内容以及相应权重如下。

表 6-1　体态类指标以及相应权重

指标类别	指数范围	权重	说明
身高	男 1.75 米以上；女 1.65 米以上	0.5	青春发育期青少年应该结合其父母身高进行身高预测
体重	男 75 公斤以上；女 60 公斤以上	0.3	正式选材的时候，应注意其肌肉含量以及脂肪比例
胸围	男 90 厘米以上；女 84 厘米以上	0.1	结合肺活量检测进行
体型	手指长度、脚长、下肢长度、踝骨直径、骨盆发育等等	0.4	结合全身体检情况进行

（二）机能类指标

所谓技能类指标，主要指的是运动机能类指标。机能类指标是运动的基础，也是保证运动员进行正常运动的基础，一般而言，机能类指标主要测量的是与心肺功能有关的相应的指标，具体而言主要包括以下几类。

（1）肺部机能

主要包括肺活量、最大通气量等等。

（2）心脏功能

主要包括最大心率等等。

（3）身体恢复能力

主要包括肌肉恢复能力及运动创伤愈合能力等等。

（4）骨骼自我修复能力

即在运动过程当中，骨骼受到轻微损伤后的自我修复能力以及愈后恢复能力等等。

（三）运动素质类指标

运动素质指标主要以田径类的运动指标为主，具体包括以下几类。

1. 力量素质

人体无论想做什么动作，都必须要使用肌肉的收缩力量，这种力量使人体的基础生活能力得以维持下去，与此同时，其也是掌握运动技巧与机能，以及使运动成绩显著提升的重要基础条件。

力量素质指的是，人的机体，抑或是机体的某一部分肌肉在工作（舒张与收缩）时，克服内、外阻力的能力。由于所有的运动技能的掌握，都伴随着克服不同形式的阻力，因此，力量是进行运动的最基本的身体素质。

2. 速度素质训练

作为竞技运动中最基本的运动素质，速度具有非常重要的作用，因此，体能训练的一个重要任务，就是怎样发展速度素质，以及如何让其和专项技术有机结合在一起。

速度素质指的是，人体或者人体某个部位快速运动的能力，具体来讲，就是人体或人体某个部位，快速完成动作、做出运动反应及位移的能力。其应当包括三个方面的能力，具体为：快速通过一定距离的能力、运动时人体对各种信号刺激的快速反应能力与快速完成动作的能力。

3. 耐力素质训练

耐力素质指的是，在长时间进行工作或者运动时，人体克服疲劳的能力，与此同时，其还是反映人体体质强弱，抑或是健康水平的一个重要标志。无论是进行哪一项运动项目，都需要具备相应的耐力水平，其中，表现最为突出的就是马拉松比赛。运动员克服疲劳的能力，能够将其所具有的耐力水平显著地反映出来。

4. 灵敏素质训练

在各种突然变换的条件之下，人体快速、敏捷、准确、协调地完成动作的能力，被称为灵敏素质。其是人神经反应、运动技能，以及各种身体素质的综合表现，原因在于，无论是专项中的哪一个动作，都在不同程度上体现出了耐力、速度、力量与柔韧等素质。

灵敏素质的高低会由应答动作的熟练程度直接体现出来。虽然目前尚没有对灵敏素质进行客观衡量的标准，但是，可根据以下三点，来评定其发展水平。

第一，是不是能够具备快速的判断、转身、翻转、躲闪、维持平衡、反应的能力。

第二，是不是能够做到对自身身体进行自如的操纵，无论在什么条件之下，都可以将动作熟练、准确地完成。

第三，通过熟练的动作，是不是能够将速度（反应速度）、耐力、协调性、节奏感、力量（爆发力）等素质与技能综合地表现出来。

客观实践证明，如果一个人具有高度的灵敏素质，那么其就能够对自己的运动器官进行随心所欲的控制，并且还能够将各种动作熟练、自如、准确地完成。

（四）技能类指标

篮球技能类指标及其主要内容如下表所示。

表 6-2　高校篮球技能类指标及其主要内容

一级指标	二级指标	主要内容
篮球技能类指标	基础技能指标	1. 运球能力 2. 对墙抛接球能力 3. 防守能力 4. 三分球投篮技术
	专项技能指标	1. 各个位置上的抛接球运动 2. 连续投篮技术 3. 负重运球上篮技术

二、技战术教学训练考评的内容

（一）教学训练目标的考评

教学训练目标的考评一般来说包括以下两个层面的内容。

1. 对教学训练目标制定的合理性进行考评

所谓对教学训练目标制定是否合理化考评，指的是对教学目标的制定以及预测进行一系列的衡量和评价，并且结合相应的小范围测试，判断教学目标是否合理。

2. 对教学结果进行评价

对教学结果进行评价包含两层意思，一是对阶段性教学成果进行相应的评价，二是在学期末进行相应的评价。

（二）技战术掌握的考评

技战术掌握的考评主要包括技术掌握的考评以及战术掌握的考评两个方面，具体在操作过程中包括技战术测试以及技战术评定两个方面。

1. 技战术测试

技战术测试的内容主要由技战术达标测试以及技战术水平评定两个方面的内容构成。其中，技战术达标测试指的是运动员在经过一段时间的运动之后，能够达到最基本的要求。

2. 技战术评定

所谓技战术评定，指的是将篮球运动的技术和战术分成若干等级，按照一定的评价方法和一定的规则，对运动员或者学生进行测试，尤其在测试的时候，应该注意投篮技术动作的规范性等各个方面，要综合考虑。

（三）理论知识掌握的考评

理论知识的掌握是科学进行篮球运动的基础，也是篮球运动考核的必备内容之一。根据实践经验，一般来说，高校篮球专业知识的考核方式主要有笔试和口试两种。

1. 笔试

高校篮球笔试通常有两种形式，闭卷考试和开卷考试。闭卷考试主要针对记忆性的专业理论知识进行考查，以了解运动员对专业知识的掌握情况。

高校篮球开卷考试则主要对运动员运用知识、实践应用的能力进行考核。

2. 口试

高校篮球口试的范围较广，一般来讲更注重篮球队员综合能力的考查。

在制定口试考核内容的时候，应该注意，在口试的时候，不能死记硬背，而是应该在一定范围内制定口试内容，并且要注意在制定口试内容的时候，应该深入挖掘学生或者运动员对于篮球理论知识掌握的程度。

（四）其他内容的考评

所谓其他内容，还包括运动意识、运动精神以及裁判能力等多方面因素的考评。值得注意的是，在篮球运动考评过程当中，还要注意篮球运动员在运动过程中整体的运动状态，尤其要注意运动员运动水平是否进步等多种因素。还有，无论是哪种考核，都要采取与运动员的状态以及现实情况一致的状态进行考核。

第三节　篮球教学考核的方法与标准

一、体能考评的方法与标准

高校篮球体能教学训练考评的具体内容以及主要方法如下。

（一）身体形态考评

身体形态考评的主要内容以及相关指数如下表所示。

表 6-3　身体形态考评的主要内容以及相关指数

考评项目	定义	测量方法	说明
身高	人体高度	人站立时头顶正中线上最高点到地面的最大垂直距离	身高由于受到重力的影响，每天不同时刻数据也有不同，一般选择在上午 10 时进行测量
体重	人体的质量大小	在一定程度上可以反映人体的发育程度以及发育水平	测量体重的时候，衣着应该尽量简单，并且测量之前要排空大小便

考评项目	定义	测量方法	说明
胸围	胸廓大小的维度	直接反映人体发育的宽度以及相关维度	测量的时候，应该平静站立，自然呼吸
呼吸差	深呼吸、吸气与呼气时候的胸围维度差距	最大吸气维度减去最大呼气维度差额	测量的时候，尺子要紧贴皮肤

（二）速度素质考评

速度素质的考评以及相应的方式如下。

1. 三角折返跑

三角折返跑是考量运动员综合素质的一项主要指标，一般来说，就是让运动员按照图中所示路线进行跑动，观察运动员的跑动姿势的同时进行计时（图 6-1）。

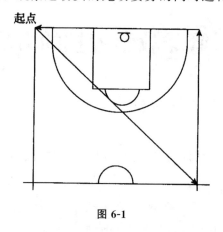

图 6-1

2. 变距折返跑

所谓速度测试，就是运动员在跑动过程中，按照图中所示进行连续跑动（图 6-2）。

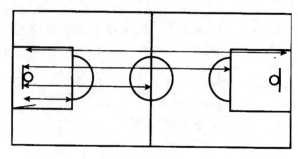

图 6-2

（三）基本技能考评

1. 外线接球突破

测试方法：移动及突破路线如图 6-3 所示。其中，①为突破队员，②为传球队员，③为捡球队员。

图 6-3

运动员①在右侧 45°3 分线外接②的传球做交叉步突破上篮（接球同时开始计时），投中后跑至左侧 45°3 分线外接②的传球做交叉步突破上篮，投中后再跑至右侧 45°3 分线外接②的传球做同侧步突破上篮，投中后跑至左侧 45°3 分线外接②的传球做同侧步突破上篮，投中后停表。

2. 内线接球突破

测试方法：移动及突破路线如图 6-4 所示。其中，①为突破队员，②为传球队员，③为捡球队员。

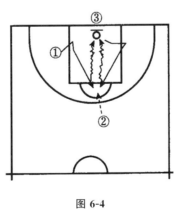

图 6-4

运动员①从左侧限制区外摆脱跑至罚球线接②的传球做交叉步突破上篮（起动的同时开始计时），投中后移动到右侧限制区外摆脱跑至罚球线接②的传球做交叉步突破上篮，投中后再用同样方法重复一次，最后一次投中后停表。

3. 梯形滑步

梯形滑步的考评也作为基本技能考评的内容之一，在篮球运动中被广泛采用，测试工具为秒表。

测试方法：①、②、③分别为 3 个标志桶，滑动路线如图 6-5 所示。运动员从位置①开始沿端线滑动同时按动秒表开始计时，然后沿限制区边线向上滑动至位置②，最后撤至罚球线，再向上滑至位置③，然后向下滑至位置①，再以同样路线滑回起点停表。

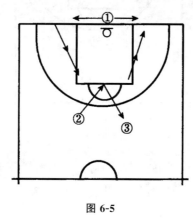

图 6-5

4. 外线接球投篮

测试方法：投篮点及投篮范围如图 6-6 所示。其中，①为投篮队员，②、③为传球队员。

投篮运动员①从位置 1 开始，首先在 3 分线外投篮，然后在同一位置接球后运球至虚线外急停跳投，用同样方法依次在 2、3、4、5、5、4、3、2、1 处投篮，记录2分。

（四）肌肉功能考评

1. 握力

所谓握力，主要指的是人前臂乃至手部肌肉力量。握力在测试的时候一般采用握力器，在实际操作的时候，根据握力器的不同，采用不同的测试方法。

值得注意的是，在测试握力的时候，被测试者应该保持身体中轴与水平线垂直，两脚打开与肩同宽，同时两臂自然下垂。而且测试的时候，应该多次测量，去掉最高值和最低值之后，以中间值的最佳成绩作为测量结果。评价标准如表 6-4 所示。

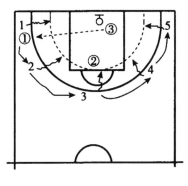

图 6-6

表 6-4　握力测试评价参考标准/牛顿①

年龄	1 分	2 分	3 分	4 分	5 分
男（18～20）	310～360	361～410	411～485	486～539	540 以上
女（18～20）	170～199	200～249	250～299	300～339	340 以上
男（21～25）	310～360	361～410	411～485	486～539	540 以上
女（21～25）	165～199	200～249	250～299	300～349	350 以上

2. 立定跳远

立定跳远测试是考评腰腹力量、下肢、协调性及身体跳跃能力的一种测试。

场地及工具：沙坑、丈量尺。

测试方法如下

（1）参与测试者站在测试线前方，两脚不能压线。

（2）两脚同时发力，向前向上起跳。

（3）根据起跳情况，丈量最近处落地点到测试线的距离。

和握力测试一样，立定跳远也要多次测量。评价标准如表 6-5。

表 6-5　18～22 岁男女立定跳远评分等级/厘米

性别	年龄	评分等级				
		1 分（差）	2 分（下等）	3 分（中等）	4 分（良好）	5 分（优）
男	18	208.9 以下	209.0～220.9	221.0～239.9	240.0～253.9	254.0 以上
	19～22	212.9 以下	213.0～225.9	226.0～244.9	245.0～257.9	258.0 以上
女	18	150.9 以下	151.0～163.9	164.0～180.9	181.0～194.9	195.0 以上
	19～22	154.9 以下	155.0～167.9	168.0～184.9	185.0～196.9	197.0 以上

① 张培峰，王小安．现代篮球运动［M］．北京：人民体育出版社，2011.

3. 1 分钟立卧撑

立卧撑是测量被测试者综合肌肉耐力乃至身体灵活性的一种主要方式。具体来说，在测试的时候，被测试者应该身体保持与水平面垂直，之后双脚打开与肩同宽，随之屈膝下蹲，两手与肩同宽，两腿后蹬做俯卧撑，最后还原成为直立姿势。一般来说，在测量的时候，应该以 1 分钟为单位，计量次数。评价标准如表 6-6 所示。

表 6-6　1 分钟立卧撑测试评价标准/次[①]

性别	等级标准				
	差	下等	中等	良好	优秀
男	24 以下	25～29	30～34	35～39	40 以上
女	18 以下	19～23	24～27	28～31	32 以上

4. 1RM 测试

1RM 测试简单说就是被测试者一次性可以推举的重量，一般来说，具体有以下几种测试方式。

（1）仰推

被测试者平躺在卧推凳上推举杠铃，测试者在一旁进行保护，但是不对杠铃施力，以被测试者能推举的最大重量的杠铃作为被测试者的有效成绩。

（2）肩上举

受试者两臂分开，保持双臂与肩同宽，然后将杠铃抬到肩膀上，掌心向上，之后慢慢放下，以被测试者能推举的最大重量的杠铃作为被测试者的有效成绩。

一般来说，在该项测试当中，应当注意以下几点。

第一，做好热身运动，防止运动伤害。

第二，量力而行，不能贪多。

第三，做好保护措施，最好有专业的保护器具保障。

评价标准如表 6-7 所示。

表 6-7　一次重复最大量测试中肌肉力量得分的标准/千克

性别	练习方式	力量等级				
		1 分	2 分	3 分	4 分	5 分
男	仰卧推举	50～99	100～110	111～130	131～149	149 以上
	负重屈肘	30～40	41～54	55～60	61～79	79 以上
	肩上举	41～50	51～67	68～80	81～110	110 以上

---

① 高治．现代篮球技战术实践与创新［M］．北京：中国书籍出版社，2014.

性别	练习方式	力量等级				
		1分	2分	3分	4分	5分
女	仰卧推举	41～69	70～74	75～80	81～99	99以上
	负重屈肘	15～34	35～39	40～55	56～59	59以上
	肩上举	20～46	47～54	55～59	60～79	79以上

（五）心肺耐力考评

1. 肺活量

肺活量是一种常用的反映呼吸机能的指标，它和身高、体重、胸围成正相关，人体的最大出气量被称为肺活量。

肺活量反映的是静态气量，与呼吸的深度有关。正常成年人肺活量，男性为4000～4500毫升，女性为2600～3200毫升，通常来说，体重和胸围大的人，肺活量也大。

测量肺活量时，被测试者站立，然后手握住肺活量计的吹气嘴，做最大吸气后对准肺活量计的吹气嘴做最大的呼气，直到不能再呼气为止。

每人可测量三次，每次间隔时间为15秒，受试者按指示器或显示器读数，选最大值记录，精确到10位数，误差不得超过200毫升。

肺活量的测量，一般要采用相应的仪器，测试的时候，一般要进行三到五次测量，每次测量要间隔15秒左右。

2. 12分钟跑

顾名思义，12分钟跑，指的是被测试者在12分钟内的奔跑长度，但是在测试的时候，应当鼓励被测试者量力而行，避免造成运动伤害。

一般来说，12分钟跑的测试结果以及对应的体力程度如下表所示。

表6-8 12分钟跑体力评价表/米

性别	体力划分				
	非常不好	不好	稍差	良好	非常好
男	1600以下	1600～1999	2000～2399	2400～2799	2800以上
女	1500以下	1500～1799	1800～2199	2200～2599	2600以上

3. 台阶试验

所谓台阶试验，简单来说，就是在合适的台阶前面，组织被测试者进行快速踏步，计算每分钟踏步的次数。

台阶试验是一种简单的评价心血管系统机能的定量负荷实验，相关研究得出，心肺功能强的人比心肺功能弱的人在运动后 3 分钟恢复期内心跳频率低。男子试验台阶高度为 30 厘米，女子试验台阶高度是 25 厘米，由于男女身高的不同，台阶可做适当的调整。

测试通常按下列步骤进行。

（1）测试时找一个同伴，同伴可以帮助你保持适当的踏跳节奏。跳跃节奏为每分钟踏 30 次（上下），共 3 分钟，可以让同伴用节拍器或声音提示你。

所以，需要 2 秒钟上、下各踏一次（也就是说，把节拍器设置为每分钟 60 拍，每响一下踏一次）。

在测试时，应左右腿轮换做，每次上下台阶后上体和腿必须伸直，不能屈膝。

（2）测试后，应立即坐下，并测量训练后 1 分钟至 1 分 30 秒、2 分钟至 2 分 30 秒、3 分钟至 3 分 30 秒等 3 个恢复期的心率。同伴帮助计时，并记录训练后的心跳次数。

测试的准确性在于你必须每分钟踏完 30 次，这样运动后恢复期内的心跳频率测量才是有效的。

根据测试的记录，按照下列公式计算评定指数。

评定指数：踏台阶上、下运动的持续时间（秒）×100/（2×3 次测定脉搏数之和）。台阶测试相关指数以及评分等级如下表所示。

表 6-9　18～25 岁男女台阶试验指数的评分等级

性别	年龄	评分等级				
		1 分（差）	2 分（下等）	3 分（中）	4 分（良）	5 分（优）
男	18～25	45.0～48.5	48.6～53.5	53.6～62.4	62.5～70.8	70.9 以上
女	18～20	44.6～48.5	48.6～53.2	53.3～62.4	62.5～70.2	70.3 以上
	21～25	44.5～48.3	48.4～53.0	53.1～62.0	62.1～70.0	70.1 以上

（六）柔韧性考评

柔韧性是保证篮球运动员在运动过程中不受或者少受伤害的一种必需的素质。从这个角度上说，柔韧性本身就是保证运动员顺利完成篮球动作的重要因素。一般说来，柔韧性考评有以下几种方式。

1. 坐位体前屈

被测试者以坐姿接受测试，脚跟并拢，脚尖分开大概一拳到一拳半，上臂伸展，向前伸直胳膊。

坐位体前屈测试的时候应该注意以下几项。

（1）测试之前充分进行热身。

（2）避免大幅度运动。

（3）腿部和手臂都保持伸直。

评价标准如表 6-10 所示。

表 6-10　坐位体前屈测试评价参考标准/厘米

年龄	柔韧性等级				
	1 分	2 分	3 分	4 分	5 分
18～20（男）	−0.2～4.4	4.5～9.9	10.0～17.3	17.4～22.7	22.8 以上
21～25（男）	−3.2～2.4	2.5～8.3	8.4～16.3	16.4～21.9	22.0 以上
18～20（女）	−0.6～3.7	3.8～8.9	9.0～16.1	16.2～20.9	21.0 以上
21～25（女）	−0.3～2.4	2.5～7.4	7.5～14.5	14.6～18.0	18.0 以上

2. 立位体前屈

被测试者双脚打开，与肩同宽，向下下腰，两腿伸直，用手臂碰触地面。立位体前屈测试的时候应该注意以下几项。

（1）测试前应该进行适当的热身。

（2）测试时上身与两臂要协调，避免拉伤。

（3）测试的时候应该保证两腿要伸直。

评价标准如表 6-11 所示。

表 6-11　18～22 岁男女立位体前屈评分表/厘米

性别	年龄	评分等级				
		1 分（差）	2 分（下等）	3 分（中等）	4 分（良）	5 分（优）
男	18	4.2	4.3～9.9	10.0～16.4	16.5～20.9	21.0 以上
	19～22	2.9 以下	3.0～9.9	10.0～17.0	17.1～21.2	21.3 以上
女	18	4.5 以下	4.6～9.4	9.5～15.6	15.7～19.9	20.0 以上
	19～22	3.7 以下	3.8～10.3	10.4～16.6	16.7～20.4	20.5 以上

二、技战术考评的方法与标准

（一）理论考评

1. 笔试

高校篮球技战术训练笔试一般采用开卷、闭卷两种形式。开卷考试主要考核学生自学理解能力、收集各种信息的能力，以及掌握知识面的广度；考查运动员分析、综合、灵活运用所学篮球理论知识的能力；考核运动员理解理论专业知识的深度和广度，以及分析问题的逻辑性、准确性和创新性。

高校篮球闭卷考试主要考评学生应掌握的专业理论知识及运用所学理论知识分析、应用、解决问题的能力，笔试试题应覆盖大纲规定的专业理论教材的基础内容。

笔试题型可选取多种形式的命题方法，比如：选择、填空、概念、鉴别、论述、计算、绘图和自我立论等题型。

高校篮球技战术课程变革不断深化的同时必然伴随着高校篮球专业知识考核的内容和方法的完善。不同层次高校篮球技战术课程教学对象不同、学时分配不同、课程所处位置和考核的分值权重不同，必须根据课程不同的教学标准选择不同的方法。目前广泛采用的形式有以下三种。

（1）统考

统考是各大高校目前评价教学效果最常用的手段。统考具有公平公正、客观性强、效率高的优点，是检验学生在校学习状况的最有效方法。

一方面，统考方式和各校任课教师自主命题的考试方法相比，具有客观公正的优点，自主命题尽管也符合考试原则，但用到校际之间比较不够客观公正，统考使得各校各地的高校运动员使用统一试卷标准，有利于得出公正的综合比较结果。

另一方面，要根据高校不同的课程评价目的决定是否采用统考形式，比如对学校一些重要的各专业共同的必修课组织统考。但是，值得注意的是，在开展统考的时候，应该充分考虑以下几个方面的内容。

第一，统考内容要谨慎选择，绝对不能过偏或者过难。

第二，统考要保证记忆性知识以及操作知识的比例合理，而且题量要适中。

（2）标准样题

所谓标准样题，指的是某些高校在专家的指导以及教学大纲的要求之下，针对课程的基本教学要求，结合学生的实际发展以及实际要求所指定的一系列的考试样题。

标准样题在制定的时候，应该注意以下几点。

①可参考性高

因为标准样题是供多个高校参考的，所以要具有高度的可参考性以及借鉴性。

②知识覆盖率高

设置标准样题的目的就是为了对学生或者运动员进行全方位考核，因此，标准样题必须要有很高的知识覆盖率。

③有一定的可选择性

标准样题必须要分阶段制定，所以标准样题要有一定的可选择性，尤其是要具有一定的阶段性，适合不同阶段、不同水平的学生进行选择考试。

（3）标准化考试

所谓标准化考试，指的是相关教研人员在总结多年教育工作经验的基础上，在听取各方面意见的同时，结合相应教学大纲的要求制定的一系列考试。

标准化考试也具有几个自身特点。

首先，是命题程序严格。标准化考试的命题程序更为严格，试题在实施前，要进行定性定量分析，检验和审定试卷和质量，并要进行统一测试和分析，在区分度、难度、可信度和效度几个方面检查该试卷是否达到试卷质量标准。

其次，是试题设计要科学、合理。标准化考试题型多样、知识覆盖面广、题目容量大、考核的范围广，提高了考试的可信度。

客观性试题在标准化考试中占了很大一部分比重，试卷中也有一些主观性试题。客观性试题包括选择题、填空题、概念题、判断题、论述题、计算题、绘图题等，主观性试题是运用知识分析解决实际问题的论述题。

再次，阅卷评分准确可靠。标准化考试中的客观性试题一般采用电脑评卷，效率高、准确性大，增强了考试评分的准确性。

最后，考试结果具有可比性。因为标准化考试的题型、内容和水平都比较稳定，因此，不同考试的考试结果之间可以相互比较。这样，不仅可用于评价每名考生的基础水平如何，而且可用来评价考生群体、不同层次考试的水平差异。

2. 口试

一般来说，高校篮球运动的口试大多是为了检验运动员对于技战术的基本了解乃至对于篮球学习的运动精神以及相应运动悟性等方面的考查。

在实际操作过程当中，口试一般采用抽签的方式进行，同时给学生一定的准备时间。

（二）实践考评

一般来说，高校篮球技战术教学训练主要包括定性以及定量两个方面。

1. 定量指标

所谓定量指标，指的是可以用具体数量来衡量的指标，主要包括投篮命中率以及跳跃高度等等。

一般来说，在篮球运动评价过程当中，常见的定量指标是速度、高度以及准确度三类指标。

在实际操作当中，上述三类指标可以单独使用，也可以结合使用，一般来说，运球大多以速度指标进行考核；三步上篮大多以高度指标进行考核；投篮以及命中率大多以准确度指标进行考核，但更多的时候是三者结合进行考核。

2. 定性指标

所谓定性指标，指的是在篮球运动当中无法采用具体数值进行评价，只能用其是否正确进行判断的运动。

适用于定性指标的评价方式主要有以下两种。

第一种是技术是否符合相应的技术规范以及动作规范。

第二种是技术的熟练程度是否达到相应的标准。

3. 篮球技战术教学训练考评实例

（1）篮球普修技术的考评方法

①三点定点投篮

以篮板投影点作为圆心，将投影点到罚球线距离作为半径，在这个范围内进行三点投篮。

篮球队员从①的位置开始，按①—②—③的顺序投篮。

注意，在考核的时候，一般每个点都有三到五次的投篮机会，一般来说，最后一次应该在中间结束，然后根据投篮的命中率进行技术评价（图6-7）。

在实践过程当中，因为男女学生或者运动员的

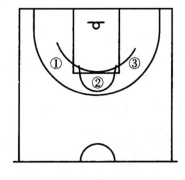

图 6-7

素质不同，所以男生一般采取跳投方式进行投篮，女生一般用原地投篮方式进行考核。

表 6-12　高校篮球普修课技术考核评分标准

| 三点投篮 15 分 | | | | | 半场往返运球投篮 10 分 | | | | 持球突破 10 分 | | | | 传接球 5 分 | |
| 达标 10 分 | | | 技评 5 分 | | 达标 4 分 | | 技评 6 分 | | 达标 4 分 | | 技评 6 分 | | 技评 5 分 | |
男	分值	女	A+	5	成绩	分值	成绩	分值	成绩	分值	成绩	分值	成绩	分值
6	10	5	A	4.5	4	4	A+	6	4	4	A+	6	A+	5
5	8	4	B+	4	3	3	A	5.5	3	3	A	5.5	A	4.5
4	6	3	B	3.5	2	2	B+	5	2	2	B+	5	B+	4
3	4	2	C+	3	1	1	B	4.5	1	1	B	4.5	B	3.5
2	2	1	C	2.5			C+	4			C+	4	C+	3
1	1		D+	2			C	3.5			C	3.5	C	2.5
			D	1			D+	3			D+	3	D+	2
							D	2.5			D	2.5	D	1

表 6-13　高校篮球技术动作规格评价标准

| 标准 | 优秀 | | 良好 | | 及格 | | 不及格 | |
等级	优＋	优	良＋	良	及格＋	及格	不及格＋	不及格
技术规格	动作正确熟练、协调连贯、有力、速度快	动作正确、协调连贯、有力、速度快	动作各主要环节较正确、较协调连贯、速度较快	动作各主要环节较正确、不够协调连贯、速度较一般	动作各主要环节基本正确、协调连贯、速度较慢	动作各主要环节基本正确、协调连贯性差、速度慢	动作各主要环节不正确、不协调、不连贯、动作速度慢	动作各主要环节不正确、不协调、不连贯、有明显错误

②半场往返运球投篮

在具体考核的时候，一般来说，被考核者应该从篮球中线偏右的地方开始，然后根据自身习惯，用左手或者右手将球运到第一个立柱前面，然后换手，变向运球，随之投篮。

抢夺篮板球的时候，一般来说，应该按照个人习惯用左手或者右手将篮球运球到中线偏左的位置，直到第 3 根立柱前后，换手进行变向运球，在下一个立柱之前再次换手变向运球，之后进行投篮运动。

抢篮板球后再用左手做直线运球回原处。如此再重复一次（图 6-8）。计行进间运动员投篮的命中次数并给出评价。

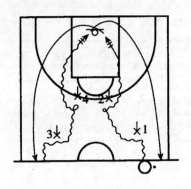

图 6-8

在 4 次运球上篮中，运动员必须采取规定的左右手动作，应该用左手用左手，应该用右手用右手，否则此次不计分。

出现投篮不中，不补篮继续进行，运球失误从失误处继续开始。

③双手胸前传接球

两人一组，相距 4～5 米，先原地做 5～6 次传接球后做行进间传接球上篮，抢篮板球后再返回。

在行进间传接球出现掉球或带球走等违规情况时，每次都在技术评价分中扣除 0.5 分。

④持球突破技术

运动员分别在两个立柱前做持球突破投篮动作。第 1 个立柱前，做顺步持球突破右手投篮，第 2 个立柱前，做交叉步持球突破左手投篮。然后再重复一次（图 6-9）。

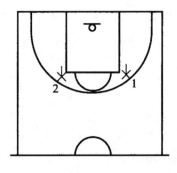

图 6-9

在 4 次持球突破技术动作中，进行两次高手投篮和两次低手投篮，否则该次不计分。考生如果出现中枢脚离地过早，造成带球跑违例，记录好违例次数，每次违例都在技术评价分中扣除 0.5 分。

（2）高校篮球专修技术的考评方法

①训练中期的考核内容、方法与评价标准

A. 五点投篮

以篮圈投影点为圆心进行五点投篮练习。

在练习过程当中，应该根据男女之间不同情况，采用不同的距离进行投篮（图6-10）。

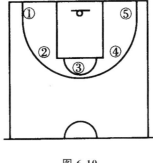

图 6-10

运动员站在①的位置开始，按①—②—③—④—⑤的顺序投篮。每个点投2次，共投10次，计投中次数并给出技术评价成绩。

在考试时，其他队员抢篮板球传给投篮者，运动员投篮方式不限，但接球后必须在5秒钟以内出手。

表 6-14　高校篮球专修技术考评参考标准

五点投篮15分					半场往返运球投篮10分					持球突破10分				传接球上篮5分		
达标10分			技评5分		达标6分			技评4分		达标4分		技评6分		技评5分		
男	分值	女	A+	5	男	女	分值	成绩	分值	达标	分值	技评	分值	男	女	分值
5	10	5	A	4.5	37	39	6	A+	4	4	4	A+	6	13	15	5
4	8	4	B+	4	38	39.5	5.5	A	3.5	3	3	A	5.5	14	16	4.5
3	6	3	B	3.5	38.5	40	5	B+	3	2	2	B+	5	14	16.5	4
2	4	2	C+	3	39	40.5	4.5	B	2.5	1	1	B	4.5	15	17	3.5
1	2	1	C	2.5	39.5	41.5	4	C+	2			C+	4	15.5	17.5	3
			D+	2	40	42	3.5	C	1.5			C	3.5	16	18	2.5
			D	1	40.5	42.5	3	D+	1			D+	3	16.5	18.5	2
					41	43	2.5	D	0.5			D	2.5	17	19	1.5
					41.5	43.5	2							17.5	19.5	1
					42	44	1									

表 6-15　技术动作规格评价参考标准

标准	优秀		良好		及格		不及格	
等级	优＋	优	良＋	良	及格＋	及格	不及格＋	不及格
技术规格	动作正确熟练、协调连贯、有力、速度快	动作正确、协调连贯、有力、速度快	动作各主要环节较正确、较协调连贯、速度较快	动作各主要环节较正确、不够协调连贯、速度较一般	动作各主要环节基本正确、协调连贯、速度较慢	动作各主要环节基本正确、协调连贯性差、速度慢	动作各主要环节不正确、不协调、不连贯，动作速度慢	动作各主要环节不正确、不协调、不连贯、有明显错误

B. 半场往返运球投篮

考试从球场右侧中线处开始，运动员踏出中线开始计时，须用右手运球到第 1 个立柱前做体前变向运球，经过第 2 个立柱前用左手做运球转身，接着用右手运球做行进间低手上篮动作。

抢篮板球后用右手直线运球到中线处，在第 3 个立柱前用左手做体前变向运球，到第 4 个立柱前用左手做运球转身，然后做行进间左手低手上篮，抢篮板球后再用左手直线运球至中线（图 6-11），重复一次，回到原处停表。

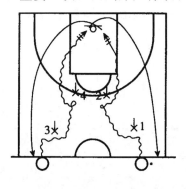

图 6-11

运动员严格按照运球时的标准，不可以随意更换手运球，若出现上篮不中要迅速补篮，直到投中为止。不得出现带球跑违例，每违规一次即在评价分中扣除 0.5 分。

C. 持球突破技术

队员必须分别在四个立柱前做不同形式的持球突破上篮技术动作。

在第 1 个立柱前，做同侧步持球突破右手投篮；第 2 个立柱前，做交叉步持球突破左手投篮；第 3 个立柱前，做交叉步持球突破右手反手投篮；第 4 个立柱前，做交叉步持球突破并步投篮（图 6-12）。

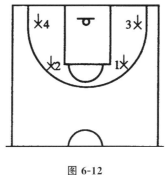

图 6-12

篮球队员不得出现由于中枢脚离地过早而造成的带球跑违规，若出现须记录违规的次数，每次违规都在评价分中扣除 0.5 分。

D. 行进间传接球上篮

考生两人一组，一人先做一次自抛自抢篮板球，跳起空中接球落地后开始，转身传给边线附近接应的队员，做快速行进间传接球上篮，然后从另一侧返回。

两人各有一次投篮机会，投篮不中时迅速补篮，投中篮停表，记录成绩高的分数。

行进间传接球出现违规时，每次违规都在评价中扣 0.5 分。

② 训练后期考核内容、方法与评价标准

篮球技战术训练后期的考核方法和中期考核方法类似，但在技术动作的要求和难度上都有较大提高，技术动作方法也有所不一，一般用阶段和最终考核相结合的方法。

A. 投篮

运动员在两分区跳投 40 秒钟，女运动员可以原地投篮，然后迅速移至三分线外投篮 50 秒钟，连续投篮 1 分 30 秒，自投自抢篮板球（图 6-13），分别计 2 分和 3 分投中次数，并给出教学训练技术评价成绩。

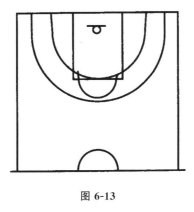

图 6-13

投篮时不准踩线，不可以带球跑违规，每违规一次在技术评价分中扣 0.5 分。

B. 半场往返运球投篮

一般来说，在进行半场往返运球投篮的时候，应该从球场中线偏右的位置开始运球，到达第一个立柱之后进行背后运球，到达第二个立柱后换手运球，随后用习惯手进行投篮。

投篮之后，进行抢篮板球运动。

抢到篮板球之后，用习惯手将篮球运到中线，达到第三个立柱之后，换手进行胯下运球，在到达第四个立柱之后用习惯手进行运球转身联系，随后用非习惯手进行投篮，抢篮板球后再用左手直线运球至中线（图6-14），然后重复一次，回到原处停表。

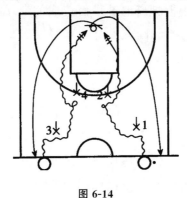

图 6-14

在运球过程中，如果运动员投篮失败可以再次进行投篮，但是注意绝对不能带球走步。

C. 持球突破技术

运动员分别在四个立柱前做持球突破上篮技术动作，在第1个立柱前，做交叉步持球突破左手低手投篮；第2个立柱前，做交叉步持球突破并步低手投篮；第3个立柱前，做顺步持球突破右手反手投篮；第4个立柱前，做交叉步持球突破并步投篮（图6-15）。

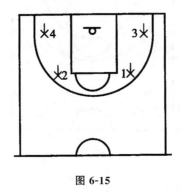

图 6-15

运动员不得出现由于中枢脚离地过早而造成的带球跑违规，若出现须记录违规的次数，每回违规都在技术评价分中扣除 0.5 分。

D. 防守无球与持球队员

进攻队员④⑤⑥相互传接，防守队员●根据防无球和防持球的要求（近球区、远球区的选位，以及防守的距离、位置、步法等）做动作，最后防⑤突破上篮（图 6-16）。选位必须与进攻队员的传球相适应，球员随球调整自己的距离和位置。

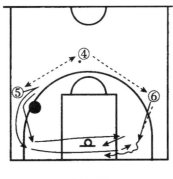

图 6-16

（3）高校篮球专项教学训练的考评

①第一阶段篮球技术考核

高校训练计划第一阶段篮球技术考核占总考核的 50%。

A. 变距折返跑

考核的时候，运动员面向场内，站在端线之后，等待哨声响起，然后迅速跑到端线近端的罚球点，在脚步接触端线之后立刻返回起点，然后依次完成几条路线。当球员最后一次返回起始点触线时停止计时。

折返跑中，必须有一脚触线后才能返回，少接触一次扣 0.5 分。

B. 五点跳投

将篮板中心的投影点作为圆点，然后根据考核者不同的身体情况设置相应的半径进行考核。

按①—②—③—④—⑤的顺序投篮，每个点投两次，计命中次数，同时也给出评价分数（图 6-17），每人有 2 次投篮机会，选其中好的 1 次分数计分。

在实践过程当中，由于男女运动员身体素质不同，所以在实践过程当中，男运动员应该要求其进行跳跃投篮，女运动员则可以采取定位投篮，但是无论哪种投篮，都不可以踩线。

C. 全场往返运球投篮

以端线为初始位置，运动员用左手运球，到第 1 立柱前做体前变向换右手，到第

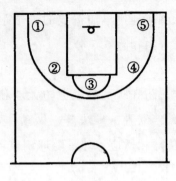

图 6-17

2 立柱处用右手做运球转身，第 3 立柱前用左手做运球转身然后用右手低手上篮（图 6-18）。抢篮板球后从另一侧以同样动作回到原处时停表。

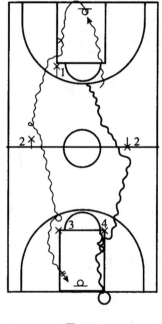

图 6-18

出现违例、运球失误都由失误地点继续开始，出现投篮不中，不用补篮。

D. 传接球投篮

球员两人一组，一人在限制区内做一次自抛自抢篮板球，以跳起空中接球落地时为开始，抢篮板球后将球传给在边线附近的同伴，同伴做运球突破中传球，然后快速跟进抢篮板球，投篮的队员用最快的速度拉边接应，然后用同样的方法返回。

两人各投一次篮，各传一次球，投篮不中迅速补篮。每组共有 2 次投篮机会，选取成绩高的 1 次进行计分。

出现违例、运球失误均由失误地点继续开始，必须做完。训练考试中出现带球跑违规，每次扣除 0.5 分。

②第二阶段篮球技术考核

训练计划第二阶段篮球技术考核占 40%。

A. 五点三分投篮

球员分别在三分线外的两个底角，两个 45°角和中间位置，按①—②—③—④—⑤的顺序进行投篮，每个点有两次投篮机会，共投 10 次，计命中次数。同时也给出技术评价分数（图 6-19）。

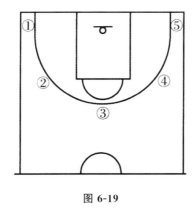

图 6-19

每人共有 2 次机会，记录成绩较好的 1 次。投篮起跳时，球员不允许踩线，踩线投中无效。

B. 持球突破技术

运动员分别在 4 个立柱前做持球突破投篮技术动作，各个角度步法、手法都有所不同。

在第 1 个立柱前，做顺步持球突破右手低手投篮；第 2 个立柱前，做交叉步持球突破左手低手投篮；第 3 个立柱前，做交叉步持球突破右手反手投篮；第 4 个立柱前，做交叉步持球突破并步投篮（图 6-20）。

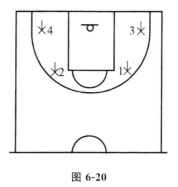

图 6-20

球员不允许出现由于中枢脚离地过早而造成的带球跑违规，如有出现须记录违规的次数，每次违规都在评价分中扣除 0.5 分。

C. 防守无球与持球队员

进攻队员④⑤⑥相互传球，防守队员●根据防守无球和持球情况进行防守（有球与无球时的选位，以及防守的距离、位置、步法等效果的运用情况），最后防⑤持球突破投篮（图 6-21）。

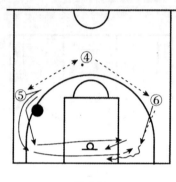

图 6-21

在具体实践过程当中，运动员在运球过程当中应该根据实际情况进行自我调整。

D. 绕障碍跑

所谓绕障碍跑，指的是在球场当中设置一个或者多个障碍物，让运动员按照一定的路线进行独立跑动坐着带球跑动，如果碰倒障碍物可以继续跑动，但是要在计时的时候加时。

第七章 高校篮球教学的医务卫生知识

我们要采取正确的方法和手段对运动性疲劳和运动性损伤进行治疗，疲劳和损伤是体内综合作用的结果，运动性疾病在篮球运动中经常会发生，一些自身身体状况不是很好、平时又缺乏运动或者几乎没有参加过比赛的运动员更加容易引起运动性疲劳和损伤。本章我们主要讲解运动性损伤、疲劳以及运动性疾病的缓解方法，同时对高校篮球运动性损伤和运动性疾病的预防和处理进行详细分析。

第一节 篮球运动性疲劳的缓解

一、运动性疲劳的缓解方法

（一）缓解运动性疲劳的原则

在篮球运动中，运动性疲劳出现得晚，对提高锻炼效果会有帮助，主要坚持以下几个原则。

（1）合理安排训练内容，避免局部负担过重而产生局部疲劳。

（2）坚持长期不懈的锻炼，努力提高身体素质。

（3）加强品质和心理锻炼，提高自身的心理素质和抗压能力，有助于提高运动员的意志力，缓解症状。

（4）合理安排饮食营养，学习科学的饮食方法，帮助身体存储更多的能量。

（5）运动项目中，项目不同，功能系统也不一样，在平时的锻炼中要培养和自身运动项目互相匹配的功能能力。每一个功能的训练方法都不同，在平时的练习中要掌握不同的训练特点，培养自身的功能系统能力，会推迟疲劳。

（二）延缓运动性疲劳的方法

延缓运动性疲劳的方法又叫作预处理。目前预处理所用的方法除了缺血预处理，还包括缺氧预处理、预热预处理、运动预处理、高压氧预处理、药物预处理、电刺激预处理、针灸等。

现代研究还发现，缺血预处理在经典的心肌缺血预处理之外，肾脏、小肠以及肢体等心外组织器官的短暂性缺血对自体心肌也有保护作用，也可以缩小由于长时间劳动导致的缺血引起的心肌梗死面积。

二、缓解运动性疲劳

想要缓解身体的运动性疲劳的症状就得要采取正确科学的方式和手段。缓解运动性疲劳有如下方法。

（一）按摩

缓解运动性疲劳有多种方法，按摩是其中一种，按摩可以促进身体的血液循环，帮助人体排泄身体中多余的代谢产物，使得身体中的肌肉更加灵活。

按摩的方法主要有机器、人力、水能、气压等按摩。其中大家主要推崇的是人工的按摩手法，这种按摩手法可以通过按摩肌肉、穴位等来帮助人体达到放松、治病的功效。

1. 人工按摩的功能

按摩作用机理和人体经络息息相关。人体的经络是气血运行的途径，人体中的经络对身体气血运行起着重要的作用，如果经络不畅通就会使得人体阴阳失衡，造成身体的疲惫甚至引发疾病。

中医认为按摩的作用主要有疏通气血经络、活血化瘀、平衡阴阳、加强气血、调和脏腑、增强人体抵抗力、强身壮骨等功能。

西医认为按摩有两方面功能。其一，人工按摩可以调节人体内分泌，防止内分泌失调，加快肠胃的代谢速度。其二，按摩还会使大脑神经兴奋，改善大脑皮质。

2. 按摩的基本方法

按摩也叫作推拿，在中国有着悠远的历史，按摩方法多种多样，各具特色，有成体系的规范动作和技术要领。

想要掌握稳定和熟练的按摩技巧，首先要有有力、持久、柔和、均匀、渗透的技能，下面介绍的是主要的按摩方法。

（1）推摩法

推摩法分为推法和摩法两部分：推法指的是用手掌或者肘部在身体的某一部位用力，进行直线移动；摩法指的是用手掌面或者手指面在身体穴位上，用手腕的关节以及前臂进行圆圈行的移动。

运用推摩法进行按摩时，可以双手交替按摩。在使用摩法时，指掌要保持伸直的状态，手腕部应该保持放松，肘部要保持自然弯曲，按摩手法要循序渐进，按摩频率为1分钟120次左右。

推摩法可以使胸腹部气血畅通，长期坚持推摩法可以帮助人体保养脾胃。

（2）捏法

按摩法中的捏法由三指捏和五指捏组成：三指捏通常是用手指中的前三只手指夹住身体某一部位，然后开始松紧自如地按压；五指捏一般是用五指一起夹住身体某一部位进行按压。

在做相对用力挤压动作时，要均匀而有节律性、循序而下。捏法具有舒筋活血的功效，适用于头、颈项、背脊以及四肢等部位。

（3）揉法

按摩中的揉法通常是由掌揉法、鱼际揉法和指揉法一同组成，揉法指的是用手指在身体某一部位的穴位上做轻柔的揉动。

按摩手法中的掌揉法通常是用手掌根部按摩，手腕关节保持放松，用手腕以及手臂前臂进行揉动的。

揉法中的鱼际揉法通常指的是用手掌中的大鱼际部分按压在身体的某一穴位上，进行揉动。

揉法中的指揉法通常指的是用手指中的拇指、中指、无名指按压在身体某个部位的穴位上，进行轻柔的揉动。

揉法可以帮助身体活血化瘀、消积导滞、消肿止痛、宽胸理气等，适用于全身各部位。

（4）擦法

擦法指的是用手掌中的掌根、大鱼际、小鱼际部分按压在身体某一部位，然后直线往返摩擦，直至身体产生热量。在进行往返摩擦时，动作要保持平稳有节奏，不可以中途停止或者歪斜。

擦法这种手法有很多作用，能够加快人体血液循环，对养生有很好的作用。

（5）点法

点法指的是用手指的顶端或者关节点压身体某些部位，起到缓解腰腿疲劳、酸痛的功效，还能够活血化瘀，促进身体血液循环，对身体有很好的保健作用。

（6）按法

按法通常是用大拇指或者手掌根部在身体的穴位上进行按压，自由掌握力度按压。按法的按摩手法可以用于全身按摩，通常有指按法、掌按法和屈肘按法三大类。

指按法的按摩手法是在保健手法中最常用的手法，因为这种按摩手法按摩面积较小，强弱程度可以自由控制，经常进行这种按摩手法，可以帮助身体加快血液循环，还能起到美容保健的作用。

掌按法的按摩方法力度比较小，适合用在身体面积较大的部位，在身体的背部运用掌按法是一种经常见的手法。

屈肘按法力度较大，用肘部弯曲时的鹰嘴部分对身体进行按摩修复，通常用于按摩身体的臀部等肌肉发达的地方，这种方法可以有效缓解肌肉紧张。

（7）搓法

搓法指的是用双手对身体的某一部位进行来回地揉搓，并且进行上下移动。

在操作时，两手用力要一致，快速搓动，缓慢平移。此法具有调和气血、舒松肌肉、疏通经络和消除疲劳的功效。

（8）抖法

抖法通常是握着患者的上肢或者下肢，然后进行轻微的颤抖动，使身体上肢或者下肢有关节上的松动。

抖法通常有上肢抖法和下肢抖法，此法可以疏通身体的脉络，可以让被按摩者感觉到身心放松。

3. 按摩在运动性疲劳消除中的运用

篮球运动的实践证明，运动按摩对运动员克服赛前机能失调、加速体能恢复、消除赛后疲劳有非常明显的效果。

在运动中怎样运用按摩能够达到最佳的效果，我们从以下几个不同阶段进行讲述。

（1）运动前按摩

通常在篮球比赛开始前对身体、肌肉、关节等进行按摩，会将身体中的关节、神经以及内脏器官动员起来，适应将要面对的身体和心理的负担，预防伤病，提高自身抵抗力。在运动前按摩能让运动员保持良好的身体状态，延缓疲劳时间。

运动前按摩主要采用三种手法，一种是兴奋性手法，即重推摩、擦摩、揉捏等手法，这种手法按摩速度较快，力量较重，时间稍短，以便提高中枢神经系统的兴奋性，主要用于运动员训练赛前精神不振，兴奋性不高的情况下。

另一种按摩手法就是抑制性手法，即轻推摩、揉捏等手法，这种手法缓和，用力较轻，时间应稍延长，主要适用于训练、赛前兴奋性过高、精神过度紧张的运动员，能帮助运动员消除比赛紧张。

第三种按摩手法是预热手法，即揉捏、扣打、抖动，以增强关节、韧带、肌肉的弹性和机能，适用于寒冷天气时的训练和比赛，可以帮助增高运动员的体温，避免由于肌肉僵硬而受伤。

运动前按摩可以帮助身体的肌腱、韧带、关节得到前所未有的放松，增大韧带的柔韧程度和关节的活动范围，可以使运动员在接下来的比赛中有更好的运动能力。

通常来说，运动前按摩需要和比赛前的准备活动一起进行，大约在比赛或者训练前15分钟开始按摩最好，按摩时间大约为10分钟，休息5分钟后再进行比赛最好，要根据运动员的具体情况因人而异地选择合适的手法进行按摩。

（2）运动中按摩

运动中按摩时间3～5分钟即可。如果操作得好，进行运动中按摩往往能够达到缓解训练或比赛中出现的疲劳、关节无力或肌肉僵硬的效果。

（3）运动后按摩

在大型比赛或者紧张的训练后，身体会出现短暂的肌肉紧张、神经紧张或者疲劳等症状，这一般是由于身体在进行比赛后平衡受到外界的破坏，神经、体液、呼吸等等发生了很大的变化，这时候对身体进行按摩可以帮助身体恢复以往的平衡，提高自身运动的水平和身体的体力。一般有如下几种按摩方法。

①不同部位的按摩

一般情况来讲，运动后按摩以全身按摩为主，同时结合局部重点。一般在训练、比赛结束沐浴后、休息或晚上入睡前进行，按摩部位以项背、四肢为主，胸腹、头部为辅，目的在于消除疲劳、放松肌肉、减轻运动后关节、肌肉的酸胀等疲劳感。

按摩哪儿通常要根据运动项目或者疲劳的位置，一般是选择负荷最大的身体部位。主要有拍打背腰部、推拿腿前侧、推印堂穴、拍打下肢、按揉胸腹、揉搓背腰、推拿腿后侧等手法。

②踝关节扭伤后的按摩

在运动中经常会出现踝关节扭伤，可能会造成脚部的韧带部分撕裂，甚至是骨折。

进行按摩前要确保踝关节的韧带没有断裂或者骨折，刚开始进行按摩时，力度要轻，按摩时间要短，不能加重损伤，否则会加剧受伤部位的瘀血。对急性踝关节进行按摩，最常用的有点按法、推摩揉、拔伸复位法、对合挤压法等手法。

③消除精神疲劳的按摩

大强度运动训练和比赛经常会影响到运动员的精神状态，并容易引起精神疲劳等心理疾病，主要表现为注意力不集中、精神状态不佳、头疼、浑身无力等。

缓解精神疲劳时通常是按摩患者头部或者头部的相关穴位，轻缓稳，按摩时候力度要轻，速度要保持缓慢，对精神疲劳的运动员进行按摩应该采用推摩与擦法结合的手法和不同力度的点法。

（二）运动疗法

运动疗法通常是以生理学和运动学为基础，通过锻炼，人体的肌肉关节得到舒展，然后达到缓解疲劳、促进身心健康的作用。运动疗法通常有如下方法。

1. 积极性休息

积极性休息也就是变换身体的活动部位或者是改变自身的运动强度，在相关研究中发现，用右手进行测力器工作疲惫时，如果换左手工作，右手便能得到更好的休息，而且恢复得更加迅速有力，这就是积极性休息。

在积极性休息中，左手开始工作时肌肉的收缩会加重右手的神经抑制，使右手恢复更快。

一般来说，积极性休息的时候身体内的乳酸比静止休息的时候恢复快得多，所以说积极性休息在目前的市场上应用十分广泛，是缓解运动疲劳的主要方法。

2. 整理活动

整理活动通常是在训练结束后为了恢复体力进行的一些比较轻松愉快的身体练习，运动后的整理活动可以缓解运动后的肌肉紧张、身体疲劳。

通常来说，运动员如果在跑到终点后立即停止运动，血液就会骤然集中在下肢的血管中，血液回心量就会减少，这样的状况会导致自身血压降低，引起身体不舒服，头晕，短暂性脑贫血，严重的还可能出现休克。

所以说整理活动对于运动后的运动员来说非常重要，可以帮助运动员调节心血管系统或者呼吸系统处于一个良好的状态，还可以帮助身体排解运动产生的乳酸。

整理活动一般包括如下几个项目：慢跑、深呼吸、健身操、静力牵伸练习等。静力牵伸练习的活动有助于缓解肌肉的紧张、改善肌肉的状况、消除肌肉长时间运动造成的疲惫、放松精神、排解身体产生的乳酸等。

运动后的整理活动可以帮助身体排解乳酸，放松紧张的肌肉，使得身体更快更好地恢复健康。但是为了保证达到整理运动最好的效果，在我们做整理运动时一定不要选择运动强度大的运动，应该保持轻松、舒缓的有氧运动。

（三）物理治疗

现代生物学、物理学的快速发展，让物理治疗成了临床综合治疗的非常重要的部分。

物理治疗主要应用牵引、按摩、机械设备等力学因素和水、电、光、声、磁、冷、热等其他物理因素预防和治疗伤病的非药物治疗方法，利用人体生理对物理刺激所做出的反应来达到物理治疗的目的。

1. 物质因子

物理因子分为天然物理因子和人工物理因子，不同的物理因子在理疗治疗过程中所起的作用也是不一样的。

天然的物理因子通常包括空气、阳光、水、矿泉、高山、大海等，利用大自然赋予我们的物理因子进行日光浴、海水浴或者大气浴，能够吸收能量，有助于免疫功能的增强以及机体功能的恢复，帮助人类战胜自然、防病治病。

人工物理因子通常有电疗法、光疗法、热疗法、冰疗法、药物疗法等等。

2. 物理治疗的机理

物理治疗是一种使用物理原理的医疗方法，透过非药物的治疗来影响体液、神经和经络而使身体的创伤得到康复。

物理因素作用于肌体会引起一系列反应，主要有自由基形成、温度梯度、离子迁移、pH 酸碱度变化、组织形态、生化过程酶的活化等表现。对于物理治疗的作用机理主要有以下几个方面。

（1）改善循环系统功能

长时间进行温热物理疗法，能够加快血液循环速度，可以迅速使人体末梢血管充血，引起毛细血管的扩张，改善淋巴，促进肢体的静脉和淋巴回流，促进局部血液循环，影响机体各种生理功能，有助于消散浸润，加强再生。

（2）促进组织代谢

据研究，石蜡物理疗法可以帮助身体提高表面温度，升高 $8℃ \sim 18℃$，增快血液循环，刺激细胞组织再生长，缓解身体运动后的疲劳和疼痛。

温热疗法能明显影响体温、皮肤及深部组织。人体对红外线的反射和吸收后产生的温、热效应，可以影响体内组织细胞的代谢以及神经系统的功能。

（3）改变兴奋性

电疗法可以兴奋神经肌肉组织。电刺激可能会引起神经肌肉的兴奋或者可以降低神经兴奋性，具有镇痛的作用，临床上用来治疗神经痛、神经炎和针刺麻醉，平滑肌痉挛、解除横纹肌及促进神经功能恢复。

（4）提高免疫功能

红外线可以增强体液免疫力和细胞的吞噬功能，促进炎症消散，改善血液循环，对慢性感染性炎症有很好的作用。

在温热疗法的影响下，可以看见周围血液中的白细胞总数增加和核左移，有时颇为显著，并能加强网状内皮系统细胞的吞噬机能，因而对化脓及炎症过程有良好的影响，并对血中酶的活性有使其正常化的作用。

（四）传统康复治疗

传统的康复治疗技术主要有针灸技术、身体拔罐技术、手法按摩、中药等，这些康复治疗的方法主要是帮助身体疏通经络、增快身体血液循环，调节人体阴阳，缓解人体运动后的疲惫和紧张，增加自身抵抗力等。

传统康复治疗措施中应用最广泛的是气功，这种措施是自我控制、自我调节的形式，有助于缓解运动性疲劳，它的作用重点表现在以下几个方面。

（1）气功可以增强人体的抵抗力。

（2）气功练习还可使骨骼肌放松，心跳减慢，耗氧量减少。

（3）气功练习对大脑皮层起保护性抑制作用。

（4）气功练习可以帮助人体缓解肌肉的紧张程度，放松身体，加快血液循环速度，增高身体表面的温度，使得体内的红细胞和血红蛋白的数量增加。

现在的康复训练通常是采取多种类型相互结合的训练方法，因为较为复杂的问题通常是多种问题结合形成，因此需要进行多种类型相互结合的方式训练。

对于比较简单、单一的损伤，假若采取多种类型的治疗手段进行治疗，缓解的功效更强。

（五）营养疗法

在机体进行篮球运动后，运动性疲劳恢复的关键是恢复机体的能量贮备，主要包含：完整的细胞膜、身体内的微量元素保持平衡、肌肉的能量储备、身体中关键酶的活性。保持身体能量的最基础物质供应是补充自身营养。

糖对保持身体能量具有十分重要的作用，在篮球运动中也占据着能量供应的位置。

补充身体的糖类对于身体营养补充有重要的作用，在运动员感到身体疲劳时补充糖类可以恢复血糖。

在大强度的篮球运动后，身体会损耗很多能量物质，这时便需要补充能量，特别是碳水化合物，必须给予足够的补充。在通常的饮食结构中，碳水化合物只能在 72 小时后得到弥补，但是若在运动后及时补充富含碳水化合物的食品，身体将会在 24 小时内就恢复本来的水平，要想快速消除运动后带来的疲劳，还应该适当地补充一些蛋白质和脂肪。

在补充能量时，一般按蛋白质、脂肪、糖的比例进行均衡补充，通常补充比例为 1.2：0.8：4.5。

篮球运动对糖的损耗较多，因此膳食中糖的含量要高，三种能量通常按照 1.2：1：7.5 的比例补充，如果个人运动负荷量较小，这时就需要补充比普通人能量更高的糖，通常按照 1：0.6：3.5 的比例进行补充。

不同的运动项目，负荷量不同，所需要的能量也不同，补充能量需要根据运动项目特有的特点进行补充，只有这样补充才能够让身体更好恢复。

人体除了要补充适量的脂肪、糖和蛋白质，还应该补充适量的维生素。维生素的作用非常多，它不仅对维持人体的机能和代谢有帮助，还可以提高人体的运动能力。

在高强度的篮球运动后，身体消耗的碳水化合物比较多，维生素 B、C、E 的流失也比较多，身体比较疲惫，需要补充大量的维生素 B 和碳水化合物。

所以说，在篮球运动后应该及时地补充身体需要的能量来缓解运动后的疲惫，在补充能量时应该选择一些有助于肠胃消化但却有营养的食物，比如水果、蔬菜等。

（六）睡眠疗法

睡眠能够帮助人体恢复体力，消除运动后的疲惫，在睡觉过程中大脑处于休息状态，身体的新陈代谢处于最慢的状态，但是合成代谢比较快，所以说能够帮助身体储藏能量。

每个人都要保证一天的睡眠时间，最少保证 8 个小时睡眠时间，尤其是在参加运动训练或者比赛期间，更加应该注重睡眠时间或者是适当延长睡眠时间，还可以保证一定的午休时间。

（七）水浴疗法

物理疗法中有很多治疗运动性疲劳的方法，在篮球运动后经常采用温水浴或者局部热敷的方法来消除肌肉的紧张，缓解疼痛，经常进行局部热敷或者温水浴有助于加快身体的血液循环，加快身体的新陈代谢。

温水浴时水温要控制在 40℃，热敷的温度保持在 47℃左右，温水浴的时间一般是

15 分钟左右，热敷的时间通常是 10 分钟，消除疲劳的手段还有很多，例如光疗、电疗、蒸汽浴等等，这些方法都有助于促进身体的血液循环，加快身体的新陈代谢，放松紧张的肌肉，缓解身体的疲劳。

（八）心理放松疗法

心理放松疗法指的是利用心理学中的原则、方法和技巧，与病人沟通，帮助他走出情绪困境，解决他的心理难题，放松精神的一种治疗手段。

在运动员进行完训练后，心理处于紧张状态，肌肉也处于紧张程度，这时候如果利用心理放松疗法进行治疗，可以缓解运动员的心理紧张，更快地调整自身机能。

心理放松治疗法中应用较为广泛的方法是音乐疗法，通过音乐的声音刺激，对患者生理或者心理产生一系列连锁反应，舒缓情绪，放松紧张的神经。

每种音乐的类型不一样，对人体造成的影响也不同，一般分为以下几个类型。

①节奏很快并且有力的音乐可以帮助人体增强血液循环，增加人的心脏功能。

②节奏鲜明有力的音乐可以帮助人体增快自己的心跳，提高神经的兴奋度。

③旋律轻缓的音乐可以帮助人们疏解紧张的情绪、缓解紧张的心灵、保持心情的愉快，排解人体工作的疲惫。音乐还能够改善人们的记忆力，集中大脑注意力，提高人们对环境的适应力。

④节奏较为慢的音乐主要可以帮助抚慰人的心灵，使得人的心灵得到放松。

第二节 高校篮球运动性损伤的预防与处理

一、运动性损伤的预防

（一）预防运动损伤的意义

运动员参加训练主要目的是保家卫国，提高自身的身体素质，增强抵抗力，为国家奉献出自己的力量，但是如果出现运动损伤，便会影响自己的健康甚至运动的动力，严重的还会伤害到自己的生命，反而给国家或者家庭带来损失和负担。

所以，运动员不仅要掌握科学的治疗方法，更重要的是做好充分的预防，防止运动损伤的发生。

（二）运动性损伤预防要遵循的原则

在运动中为了预防运动性的损失，一般应该遵循以下原则，避免伤害的发生。一般来讲，避免运动性损伤要遵循如下几点。

（1）提高教练员的知识水平

对运动员进行防伤教育，广泛开展宣传工作，提高运动员的防伤知识水平，增强运动员的安全意识和纪律意识，以及团队的责任感，增强自身的防伤技能。

（2）科学安排训练内容

科学合理地安排运动员的运动量。

（3）加强身体素质训练

提高运动员自身的适应能力，培养运动员的身体素质，这个对于防止运动损伤有着重要的作用。

（4）加强医务监督

定期检查监督训练中的设备并进行维护。

（5）加强自我保护

在宣传教育工作中增强运动员的自我保护意识，使运动员在运动中能够保护自己，尽可能地保护自身不受伤害，降低运动损伤的发生率。

（三）运动性损伤预防所采取的措施

运动员在进行篮球运动时，为了更好地控制和降低自身损伤的发生概率，可以采取以下几种措施。

1. 提高身体素质水平

有良好的身体素质，有较强的爆发力和协调组织能力，有良好的平衡能力和心肺功能，这些都能确保运动员取得好成绩，这些条件可以保证运动员较少发生损伤，所以说运动员平时应该增强锻炼，保证自身有一个良好的身体条件。

运动员要根据不同运动项目的特点训练不同项目的易伤部位，提高自身身体素质，减少损伤。

2. 增强运动员的预防意识

通过各种方式增强运动员的预防意识，比如经常举行自我保护的知识讲座，积极开展急救知识讲座，宣传防护方法和措施，教会运动员自我保护的技巧，经常进行交流，互相学习，建立运动员、医生和社会指导员的制度。

对运动员加强安全意识的灌输，增强运动员对运动损伤的预防技巧，保证运动员有一个良好的身体素质，最终提高自身的运动成绩，分析运动损伤的原因，得出经验，降低运动损伤的概率。

3. 要熟知身体状况

锻炼者在锻炼前及锻炼中应该进行严格的体格检查，特别是要检查身体有无伤病，如果身体某部位患有先天性畸形，那一定不要从事该部位负荷量大的运动，比如腰部畸形的人不要从事健美操、举重等腰部负荷量大的项目，副舟骨的患者不要从事跑跳类的运动项目，尽量降低该部位的运动量。

运动员在运动中要配合工作人员做专项普查，检查身体中易伤或者畸形的部位，及早发现损伤部位，与社会体育指导员配合给予及时处理。

锻炼者也要学会自我监督，学会内脏器官的功能检查和各种多发病的自我检查。

4. 学会自我保护

一方面，运动员要有自我保护意识，在运动中需要学会自我保护，学会适当使用各种保护支持带来保护自己，在运动中如果关节、肌肉出现疼痛要学会使用保护支持带固定。

另一方面，体育指导员要制造必要的保护设施来保护运动员，教会他们自我保护的技巧。

5. 创造良好的环境

在锻炼和比赛中应该定时检查设备、设施的安全性，对有损坏的设备要及时进行维修，平时也要进行严格的设备设施的卫生监管，定期进行检查。

运动员还要保持自身运动服装的清洁和干净，在雨雪天气里要采取相应的自身防护措施。

二、运动性损伤的处理

篮球运动损伤的预防是必要的，进行及时的初步急救是重要的，损伤预防得当可以很大程度上降低损伤的发生率，损伤处理得当可以加快损伤的修复。

运动者掌握一些运动损伤的预防和治疗急救措施是非常必要的，若损伤处理不当，容易加重伤情，延长损伤治愈时间，严重的话还会留下残疾或者后遗症。

（一）擦伤

1. 症状

擦伤后表皮脱落，有一些组织液和血液从伤口处流出。

2. 原因

擦伤通常是粗糙的物体和肌体进行了碰撞或者不同程度的摩擦引起了损伤。

3. 处理方法

小面积的擦伤只需要用生理盐水或者其他辅助性的药水冲洗伤口消炎杀菌，伤口处涂抹紫药水。

大面积的伤口需要先用生理盐水冲洗伤口，涂抹上红药水，然后覆盖上消毒布，最后再包扎好。

通常面积较大的伤口容易感染，这时要在伤口处用酒精或者碘酒进行消毒。如果创面中不小心进入了沙粒等颗粒物，这时要用棉球擦上生理盐水轻轻地刷洗伤口处，然后消毒撒上云南白药，最后包扎。

如果这种包扎后伤口不发生感染，大约 2 周时间伤口可以愈合。身体的关节方面擦伤，在用碘酒或者酒精消毒后要用青霉素软膏进行伤口涂抹，确保不影响以后的关节活动。

（二）挫伤

1. 症状

挫伤后一般表现为皮肤肿胀、皮下出血，伴有一些疼痛感和功能障碍等问题。单纯的挫伤只是伤口处有红肿，内脏器官损伤时会有头晕脑热、脸色苍白、心情烦躁、四肢无力或者四肢发冷，严重的还会出现休克。

2. 原因

挫伤是钝性暴力直接作用在身体某部位而引起的局部肌肉的急性闭合性损伤。在篮球运动中由于运动需要，互相踢、碰撞、顶都会发生挫伤，常见的挫伤是大腿的股四头肌和小腿前部的骨膜和后部的小腿三头肌。

3. 处理方法

在肢体受伤后要对肢体进行局部冷敷，对肢体进行包扎，抬高患者的肢体，防止出现肿胀和出血。

股四头肌和小腿后群肌肉在受到严重挫伤后通常是有一部分的肌纤维断裂，然后组织内出血形成血肿，这时需要把患者的腿部抬高，然后立即送往医院。

当四肢或者躯干受到挫伤，可能会导致患者暂时出现休克，需要及时注意病人的脉搏或者呼吸状况。如果出现休克要对病人做抗休克处理，让患者平躺休息，进行止血止痛等；如果患者感到剧烈疼痛，要马上给患者的肌肉注射哌替啶；如果发现患者有更严重的内脏损伤，那就要赶紧送他到医院了。

（三）肌肉拉伤

1. 症状

肌肉拉伤后通常表现为局部肿胀、充血、痉挛、疼痛等，如果肌肉发生断裂，则伴有非常疼痛的撕裂感，关节能力也失去控制，而且还会在断裂处出现隆起。

2. 原因

拉伤一般是因为肌肉受到强烈的牵拉产生了肌肉部分断裂或者肌肉损伤，在篮球运动中，大腿后群肌肉拉伤和小腿后群肌肉拉伤是最常见的。

3. 处理方法

拉伤后先用喷雾剂冷敷受伤部位，然后包扎伤口处并且把患者受伤肢体放在使拉伤的肌肉轻松的位置。

对于轻微的拉伤，可以采用针刺疗法进行治疗，肌肉完全断裂的患者需要在局部加压包扎好，等到把四肢固定好以后送到医院进行手术。

通常而言，拉伤 48 小时后进行相应的按摩，但是要求拉伤后的按摩手法一定要柔和，否则不仅不会治疗损伤，还有可能会加重损伤病情。

（四）腰部扭伤

1. 症状

腰部损伤后，主要表现为以下几个症状。

（1）有明显的受伤史。

（2）伤后腰部立即出现剧烈疼痛，持续性疼痛，休息后症状减轻，病情严重者，受伤时有撕裂感，并有腰部折断的感觉。

（3）喷嚏、咳嗽、用力大便时可使疼痛加剧，局部皮下瘀血，肿胀，腰不能挺直。轻者双手叉腰缓行，重者需要他人搀扶行走，腰痛加重，起卧和翻身都不能自理。

2. 原因

腰部是脊柱运动中活动多、负重大的部位，是身体活动的枢纽。因此，腰部非常容易受伤。腰部扭挫伤可分为扭伤和挫伤两种，扭伤比较常见。

腰部扭伤通常发生在腰椎关节、腰骶等部位，大部分原因是腰部遭受了强烈的暴力打击。

（1）在运动过程中，如果运动量负荷过大，运动员自身不能承受就会出现一定程度的损伤。例如在举重运动中，如果重量过重，运动员不能承受就会导致腰部负荷量过重，不能保持平衡，导致腰部严重受伤。

（2）训练时动作不准确、运动员在过湿的球场快速奔跑时，踩滑导致腰部猛烈扭闪。也有在偶尔咳嗽、突然扭转上身或泼水等时引起腰部扭伤。

（3）在篮球运动中因强烈的暴击受到伤害，比如在篮球的传球中不小心导致运动员血脉受损、肌肉挫伤、肾脏损伤、活动受限、腰部疼痛，出现血尿等。

3. 处理方法

急性腰部扭挫伤患者要有一定的卧床休息时间。用木板床，腰后垫一小褥，减轻病理反应，使肌肉韧带松弛，避免重复受伤。处理损伤的措施有很多，比如中药、针灸、推拿按摩、盆骨牵引、火罐等。

（1）推拿按摩

推拿按摩有多种方法，如弯腰膝推法、掌揉指针法、揉按拔伸法、贴背颤抖法及抱膝滚腰法。

①弯腰膝推法

病人弯腰，术者用膝头顶住病人腰部命门穴处，并将两手放在病人腋窝下方，挟住病人前胸，用力将病人身体略向后倾，两足离地，1～2分钟后放下。让患者直立，弯腰，两手放在膝上，自行挺起，帮助缓解腰部酸痛。

②掌揉指针法

病人取俯卧位，头偏向一旁，双臂自然放松。术者站到病人侧面，在腰骶部外擦舒活酒。

术者先做表面抚摩，再用掌根做揉、推、按压等，手法由轻到重，然后用双拇指指针阿是穴、环跳、委中、昆仑、肾俞、八髎和腰眼等穴，最后用表面抚摩手法，一般2～3次，便会痊愈，每天或隔天按摩1次。

③揉按拔伸法

在进行揉按拔伸法前，对病人要先有针对性的处理。

一般的腰部损伤病人：病人取俯卧位，术者站在患侧。术者用双手揉按两侧腰肌、腰骶部及两侧臀部3～5分钟，缓解病人肌肉紧张，然后将脊柱做拔伸。

术者一手按住腰部痛处，另一手托抱病人侧大腿，向背侧斜扳或摇晃数次。

④贴背颤抖法

术者和病人背对背站立。术者用两手向后反抱，背起患者，使病人腰部贴着术者臀尖部（骶椎处），术者运用力量震颤抖动数下，有些病人会感到腰部立刻舒缓，起身后就能活动弯仰，腰部酸痛立即消失。

⑤抱膝滚腰法

病人取仰卧位，术者立于病人侧面。术者嘱咐病人屈膝屈髋，双手抱膝紧贴腹部，头尽量靠拢双膝，在病人能承受的情况下，幅度由小及大，动作由慢及快。

椎间小关节错位或滑膜嵌顿的病人应采用坐位脊柱旋转手法治疗。

在整个推拿过程中，手法的重点位置应该是酸痛点，急性期症状严重者可每天推拿1次，轻者隔天1次。

（2）中药治疗

在进行中药治疗时，首先要了解清楚病人的损伤情况，损伤的初期和后期方法是不同的。

初期：治宜化瘀止痛，活血补血，方用桃红四物汤，水煎，温服，1日1剂，1日3次。外敷双柏散，或外用黄檗、赤芍、川芎、乳香、没药、白芷、泽兰、牛膝、杜仲，水调敷伤部。后期：治宜濡养筋骨，补益气血，方用生血补髓汤，水煎，温服，1日1剂，1日3次。

外用伤湿止痛膏，也可配合熏洗或热熨。

（3）针灸疗法

重点位置是痛点，并可选取肾俞、委中、昆仑、环跳、承山等穴位做针刺。

（4）火罐疗法

用梅花针在环跳、腰部、骶部等痛点针刺，再拔火罐，有少量瘀血渗出即可。

（5）骨盆牵引

病人仰卧在硬板床上，用骨盆带绕腰部固定，带的左右两侧各连接1根牵引线连到床的足端，另一根骨盆带固定在肋下，并用两根牵引线固定在床的头部，然后摇动牵引床，牵引重量为10千克，共牵引10次，1天1次，牵引时间大于30分钟。

通过上述方法使腰部损伤得到缓解之后，还要做到以下几点：损伤早期应该睡硬板床休息，缓解肌肉痉挛，减轻疼痛，防止继续损伤。

待疼痛缓解后，进行腰骶肌练习：仰卧伸膝勾脚收抬腿，仰卧伸膝抬臂，握杠后伸腰腿，每个动作根据病人肌肉的力量情况循环重复若干次。

（五）关节、韧带扭伤

1. 指间关节扭伤

（1）症状

急性损伤时关节周围红肿，局部压痛，疼痛剧烈，运动功能发生障碍。若一侧韧带断裂，则出现轻度侧弯畸形和异常的侧向运动。关节脱位时，伤指向背侧屈折成畸形。X光拍片检查，有时可见指骨基底部的撕脱性骨片。

（2）原因

手指受到暴力作用或手指受到侧向的外力冲击使关节过伸导致，如篮球运动中常因为队员接球技术不过关或者传球技术不对导致关节受到强烈的撞击，引起关节的撕裂或者扭伤，相邻的关节也会受到牵连导致撕裂或者损伤，严重的还会造成骨折，需要马上到医院进行治疗。

（3）处理方法

在运动中急性扭伤后要立即进行冷敷或者固定包扎，若干指关节断裂严重需要固定 3 周。

还可用粘膏支持带将伤指与患侧邻近的健指做固定，但拇指、食指桡侧和小指尺侧韧带断裂时必须用夹板固定。

假如指关节韧带断裂严重，在冷敷固定以后没有效果就要马上送往医院治疗。

2. 肘关节内侧软组织损伤

（1）症状

在肘关节急性损伤后，肘关节肿胀，有明显疼痛感，而且活动范围十分有限。在进行运动前的准备活动后疼痛渐渐消失，但是一旦重复受伤动作肘关节就又会出现疼痛。

（2）原因

任何使肘关节突然外展或过伸，手腕屈肌群及前臂旋前圆肌突然收缩与过度牵扯，都可引起内侧副韧带、关节囊、内侧屈肌及旋前圆肌的受伤。

（3）方法

急性损伤后要立即进行局部冷敷，一般用冰袋进行冷敷，然后进行包扎，并且在屈肘 90°角固定好，在损伤后的 24 小时后要进行痛点注射。

在肘部意外损伤后使用按摩治疗时要特别注意，因为肘部的损伤，如果按摩力度不合适将会造成更严重的外伤性骨化性肌炎，因此要小心使用按摩法。

3. 肩关节损伤

（1）症状

肩关节在内外旋转时产生强烈的障碍，活动范围十分有限，损伤处有痛感。当上臂从 180°角上举位放下时，同样也在 120°～60°角间出现疼痛。急性肩关节损伤，肩部疼痛一般是在肩部外侧发生，还有一些损伤是在颈部发生。

（2）原因

肩关节进行了超出平常的活动，导致肩峰下滑囊和肩袖肌腱受到肱骨头与肩峰或喙肩韧带的摩擦。

（3）处理方法

手臂上端放在外展 30°的位置，要注意休息的间隔时间和次数，接着进行按摩、针灸或者外敷中药等。

按摩可以用推、搓、揉、滚等手法，配合选用肩髃、曲池、阿是穴等，最后活动上肢和运拉肩关节。如果有更严重的情况例如肌腱断裂的现象，应当送往医院及时医治。

4. 踝关节扭伤

（1）症状

踝关节肿胀，有明显的疼痛感和皮下瘀血。

（2）原因

踝关节扭伤是体育运动中十分常见的现象，通常发生在跑跳或者滑冰类的体育训练比赛中，一般是由于运动员起跳后落地姿势不准确造成的。

（3）处理方法

踝关节扭伤后要立即用冰袋进行冷敷，然后用绷带固定好伤处，最后抬高受伤部位。

在受伤后的 24 小时中不可以进行热敷或者对伤处按摩，要进行按摩、敷药需要在 24 小时后。

5. 跟腱断裂

（1）症状

跟腱断裂是非常严重的运动损伤，足部表面没有异常的现象但是病人会感受到剧烈疼痛，而且没有足部活动能力。

（2）原因

通常是在运动比赛中发生突然变向或者强行停止导致跟腱意外损伤。

（3）处理方法

发生这种情况要用冰袋对损伤处进行冷敷，然后固定包扎好，抬高患体，严重的话送往医院。

（六）颈部软组织损伤

颈部具有后伸、前屈、左右侧屈、左右旋转等功能，是人体活动较频繁、活动范围较大的部位，因此十分容易发生损伤。运动员在篮球运动中，经常会发生颈部软组织损伤。

1. 症状

颈部软组织损伤的症状主要表现为：多有外伤或睡眠后颈部出现疼痛的病史；伤侧有轻度肿胀，肌肉痉挛；伤后头颈部向一旁歪斜，患侧颈部肌肉强硬转侧不利；每当旋头或仰头时疼痛加剧，颈肩背部有明显压迫感，患侧肌肉处于紧张状态，肩胛内缘有压痛点；颈部扭伤多为一侧疼痛，疼痛向背部放射。

2. 原因

颈部软组织损伤大多数是因为受到外界暴力，具体表现在以下三点。

（1）训练和比赛的准备活动不充分，动作失误，颈部突然前屈、后伸或扭转，导致颈部肌肉过度牵拉或猛烈收缩，头颈部被碰撞及机器打击所致。

（2）长时间伏案学习或工作，使颈部肌肉受到牵拉所致。

（3）日常生活中，大多数由于头颈部突然前屈、旋转或后伸而受伤。比如端盆泼水时引起头部猛烈后伸，汽车突然刹车，头部猛烈前冲，或在打闹中使颈部过度扭转，造成颈扭伤。

以上三条原因导致颈部的韧带、肌腱和筋膜撕裂，毛细血管破裂，逐渐变为颈部软组织出现肿块、条索状硬结，因强力扭错颈椎小关节出现错位和磨损，接着压迫颈神经根，导致上肢神经症状和颈部畸形。

3. 处理方法

颈部软组织损伤后，要采用相应的措施进行处理。具体采取的措施一般为针灸、中药、按摩及耳穴疗法。

（1）针灸治疗

常用针刺穴位有大椎、风池、合谷、外关等，昆仑、后溪、悬钟为备穴。用强刺激手法，刺双侧或一侧主穴，嘱咐病人做颈部活动。

（2）中药治疗

颈部软组织损伤大致分为两种，慢性损伤和急性损伤。使用中医疗法处理颈部软组织时，应该选择适合的方法。

当病人是慢性损伤时，治疗应该活血壮筋，用壮筋养血汤，水煎，温服，1日3次1次1剂，外贴活络膏。

当病人是急性损伤时，治疗应该活血通络，温寒散结，用小活络丹，1日3次，1次3克，局部贴伤湿止痛膏。

（3）推拿按摩

推拿按摩的治疗方法，可以根据损伤的实际情况进行选择，大致有以下几种方法。

①揉捏摇晃法

病人取坐位，术者站到病人身后。术者用舒活酒擦颈部，做揉捏、提弹、表面抚摩、摇晃或用端法，同时配合经穴按摩，掐风池、肩井、天宗、肩外俞等穴，拿肩三对。扭伤者在压痛点周围可加拿法，用拇指、中指、食指对握痉挛的颈肌。

②点压按摩法

病人取坐位，术者站到病人背后，术者左手扶住病人头部，另一手用拇指、中指两指点压痛点及风池、天柱等穴，然后在患侧颈肩背部做由上而下的按摩，做4～5次。

最后用轻揉手法施于患侧颈项部，并嘱咐病人做旋转头颈、低头等动作，病人即刻感到轻松舒适，伤者经手法治疗2～3次即可痊愈。

③拿捏舒筋法

术者站到病人背后，用右手拇指、中指、食指沿着脊柱向两侧从上往下按捏。

④弹拨推揉法

病人取坐位，术者站到病人侧面或背后。术者用拇指腹弹拨患侧胸锁乳突肌中段后缘及斜方肌，并从上至下理顺颈部经络，一手托其下颌，一手扶托枕部，双手逐渐把头颈向上拔伸，同时将其头颈向左右前后轻缓地旋转。每次按摩1分钟。

（4）耳穴疗法

耳穴取颈神门穴，绿豆2粒，放在伤湿止痛膏中间，贴在选定的穴位上，同时按压贴好的耳穴，由轻到重，按至有疼痛感、发热为度，并嘱咐病人转动头颈。大多数病人可以缓解症状。最后取出胶布和绿豆。

（七）脑震荡

1. 症状表现

发生脑震荡，病人会有瞳孔突然放大、神志不清、脉搏舒缓、肌肉松弛、神经反射减弱或者消失的现象；通常在清醒后会有头晕、恶心、精神状态不佳、记忆力减退、耳鸣、失眠、情绪不稳定，甚至呕吐等。

2. 原因

脑震荡是在头部受到强烈撞击后，使得大脑相关感受器的功能失衡，大脑没有了相应的功能或者功能失调，失去了相应的能力，在篮球运动中，常会发生脑震荡，比如篮球撞头、两人头部相撞或从高处跌下时头部着地等。

3. 处理方法

轻微的脑震荡现象，经过一段时间可以自愈，不需要住院，但是应该注意情绪稳定，减轻脑力负担，注意休息，可得到有效的缓解和痊愈。

如果脑震荡情况严重，要马上让病人身体平躺，对脑补进行冷敷，如果还是昏迷，按压病人人中、内关、合谷穴；如果还是昏迷不醒，呼吸困难，应该立刻对病人人工呼吸。

如果进行上述措施病人还是昏迷不醒，出现耳鼻口出血，眼睛放大不对称就代表病人病情严重，需要马上送到医院治疗，途中让病人保持平躺。

治疗之后要及时检查病人的脑震荡情况，一般会采用如下的检查方法：单腿站立，闭目，展开两臂，如果病人保持平衡，则证明症状缓解良好。

这时，可根据自身的伤情和恢复状况，进行适宜的运动锻炼，但是运动过程中，应尽可能地避免滚翻和旋转性动作，防止病情复发。

第三节　运动性疾病的预防与处理

一、运动性疾病的预防

（一）运动中腹痛

1. 症状

在慢速度和小负荷的篮球运动中，腹痛不明显，强度增加和运动负荷增加时，腹痛也加剧。腹痛部位，常为病变脏器所在：左上腹痛，多是由于脾瘀血；左下腹痛，多是由于宿便引起；右上腹痛，多为肝脏瘀血、肝胆疾患；右下腹痛，大多是阑尾炎；中上腹痛，多是急性或慢性胃炎；腹中部痛，多为蛔虫病和肠痉挛。

2. 原因

运动中腹痛的原因主要有以下几点。

（1）心血管系统血液动力学障碍

参加篮球比赛时，由于运动强度大，心血管系统都不能适应运动强度，心脏承受不了负荷，搏动无力，心脏内血液循环差，影响血液回流和血液排空。

这就导致下腔静脉压力上升，肝脾静脉回流受阻，血液瘀积在肝脾内，肝脾的张力增大，使其被膜上的神经受到牵扯而导致肝区或脾区疼痛。

（2）疾病史

如果运动员有肝炎、胃炎、胆囊炎、尿结石、阑尾炎等疾病时，在篮球运动中血液流向四肢，内脏血管进行收缩，身体新陈代谢的加快都会导致身体不适，胆道平滑肌的痉挛性收缩、腹膜炎症等都会引起腹痛。

（3）胃肠道局部血液循环障碍

在运动员进行剧烈的运动时，身体的交感神经兴奋，血液大量分散在体表，造成胃肠道血液循环受阻，并且缺氧，肠胃上的神经也受到不同程度的影响，使得胃肠道平滑肌痉挛引起身体的不适，尤其是腹部绞痛。

（4）不合理的习惯

在餐后马上进行剧烈运动，体内血液流向四肢，腹腔缺血，身体就出现不适，腹部疼痛。

如果在运动前饮水过度、饮食过度或者空腹就进行剧烈的运动都会造成腰腹部肌肉过度收缩，引起身体不适，尤其是腹部疼痛或者绞痛。

（5）其他原因

在平时的生活中锻炼不足、运动前的准备活动不足，运动水平低下，运动中呼吸节奏掌握不好，或者腰腹部受到强烈撞击，腹部着凉等都会造成肠胃功能失调，胃肠道平滑肌发生痉挛，造成自身肠胃绞痛或者腹痛。

3. 预防

为了防止出现腹痛，在运动前一定要做好准备，调节呼吸节律，合理安排膳食，饭后不宜马上参加剧烈运动，运动前不宜过饱或过饥，也不要饮水过量。

运动中应该遵守循序渐进的原则，科学合理增加运动量，发生严重性腹痛要立刻到医院进行检查治疗，如果没有痊愈，病人应在医生指导下运动。

（二）运动性贫血

1. 症状

血液检查时，血红蛋白含量减少，男性低于 120 克/升，女性低于 105 克/升。主要症状表现有乏力、食欲差、易倦、头晕、记忆力下降。运动时症状较明显，常伴有心悸、气促等现象。主要的身体特征为心率较快，皮肤和黏膜苍白，心尖区可听到收缩期吹风样杂音等。

2. 原因

贫血不是独立的疾病，而是一种症状，引起贫血的原因主要有以下三点。

（1）失血

运动者参加剧烈的篮球运动比赛时，如果引起胃肠道出血、痔疮、血尿、系统损伤或者女性的月经量过多都会造成失血量过多，最终导致贫血。

（2）血红蛋白合成减少

运动者在参加剧烈的篮球比赛或训练时，体能大量损耗，对蛋白质、维生素、无机盐和铁的需求增加，而蛋白质、铁、维生素 B_{12} 和叶酸的摄入量不足。

血红蛋白减少会导致运动性血尿，女性在月经期间铁元素减少，如果在月经期间参加运动会导致贫血。

（3）破坏红细胞增多

经过剧烈的篮球运动时，体温升高，血酸度增加，儿茶酚胺分泌增多等，最后可引起红细胞的滤过性和变形性改变，使红细胞的脆性增加，红细胞易于破裂、溶血。

由于剧烈运动时血流加速，挤压或牵伸造成相应部位微细血管，红细胞与血管壁之间撞击摩擦加剧易造成红细胞破裂，导致红细胞的新生和衰亡之间的平衡遭到破坏，进而导致运动性贫血。

3. 预防措施

（1）运动前要准备合适的鞋子，防止在运动中意外摔伤或者扭伤，还要做准备运动。

（2）对男女运动员要定期进行医务检查，加强对他们的医务监督，如果运动员体内的血红蛋白低于正常人的血红蛋白标准时，需要马上停止现在的训练，应该在专业的医务监督下，待血红蛋白正常时，才开始训练。

（三）运动性血尿

运动性血尿指的是一般人在剧烈运动后出现的血尿状况，经过医生检查找不到任何原因的功能性血尿，这种状况在篮球的训练和运动中经常出现。

1. 症状

浑身无力，头晕脑热，尿道有强烈的灼烧感，四肢沉重无力，小便颜色不正常，呈现红色或者茶绿色或者黄褐色，也有的会呈现红色葡萄酒的颜色，肾功能检查、血液化验、腹部 X 线检查等均属正常。

2. 原因

（1）肾静脉压增高

运动员在参加篮球训练时，连续长时间做蹬地动作，又因为肾周围脂肪较少，导致肾脏位置下移，肾静脉和下腔静脉之间的角度变锐，在两静脉交叉处容易发生变形，引起肾静脉压增加，红细胞溢出，出现血尿。

（2）泌尿系统有器质性疾病

若运动员本身有泌尿系统方面的疾病，例如尿结石等症状，在进行篮球运动时泌尿系统受到外界刺激，容易损伤或加剧其改变而导致血尿的症状。

（3）外伤

运动者在参加激烈的篮球比赛或者运动项目训练时，肾脏器官受到意外撞击，使血管或者肾脏细胞受到损伤，这时就会出现血尿的情况。

（4）肾血管收缩

运动者运动时全身血液的重新分配，去甲肾上腺素和肾上腺素分泌增多，造成大量血液流向运动系统和心肺系统，肾脏血流量减少，肾小球供血不足，造成肾小球毛细血管壁通透性增加、滤过功能受影响，导致红细胞、蛋白等漏出。

肾血管进行收缩导致肾缺血，乳酸又使红细胞外溢，这种情况就是血尿。

3. 预防

在进行激烈的运动或比赛训练时，要合理安排运动负荷，合理安排运动量、动作难度、运动强度，循序渐进，并在运动期间补充水分，伤后的运动和运动器官负荷量应避免足底受力，要加强医务监督。

（四）运动性蛋白尿

运动性蛋白尿属于功能性蛋白尿（或良性蛋白尿），是运动后出现的一过性蛋白尿，在篮球体育项目中属于比较常见的运动性疾病之一。

1. 症状

在篮球运动中如果是短时间出现蛋白尿，伴有轻微血尿，通常在 24 小时后会自动消除，如果是严重而且持续时间长的蛋白尿情况，会逐渐出现头晕眼花、心悸气短、浮肿、疲倦乏力。单纯直立性蛋白尿则无症状。

2. 原因

（1）肾血流量减少

长期参加篮球剧烈运动时，去甲肾上腺素和肾上腺素分泌增多，机能一时性障碍，肾血流量减少，肾缺血、缺氧，血管壁的营养发生障碍，对滤过功能造成影响，血浆蛋白通过肾小球膜进入，得以较多地排出。

（2）肾小球通透性增加

在篮球运动时，血浆蛋白增多，血浆肾素活动增加。肾小球对蛋白的渗透性增加。

（3）外伤

在篮球运动中，泌尿系统受到外力的打击，导致泌尿系统受到损伤。

（4）器质性疾病

尿结石类的病人易受损而导致蛋白尿。

（5）酸性代谢物

运动员在高强度的运动后，身体的乳酸增加，这时出现代谢酸血症。

3. 预防

（1）因人而异，由于每个人身体状况不同，因此需要根据每个人不同的情况设置运动量。

（2）在运动过程中加强安全监督，随时检查设备设施的安全性，避免损伤的发生。

（3）加强医务监督，定期进行体检。

二、运动性疾病的处理

（一）运动中腹痛

用手指抵住疼痛部位，然后弯腰跑一段距离即可缓解后减轻疼痛。加深呼吸，调整呼吸和运动节奏，减慢运动速度和降低运动强度。

以上方法如果还是没有奏效就要马上停止运动，立马服用止痛药或者点按相关穴位，同时进行热敷按摩，如果还是没有效果的话就要送病人到医院治疗。

（二）运动性贫血

要根据患者的具体情况，适当减少运动量，必要时应停止训练。口服硫酸亚铁片剂，非常有助于治疗缺铁性贫血，恰当合理地服用维生素 C，有助于补充身体所需要的铁元素，改善营养，尤其是补充富含铁和蛋白质的食物。

（三）运动性血尿

（1）一般处理

减少运动量，增强自身的医务监督，如果有不舒服应该停止运动，并且到医院进行检查，如果有更严重的症状就应该立即到医院进行手术。

（2）中医治疗

表现为赤涩热痛，小便频数，舌红苔黄，脉数，尿血等症状的下焦瘀热证。宜血止血，用小蓟饮子加减，温服，1 日 1 剂。

（3）西医治疗

通常使用止血药。注射 ATP、卡巴克洛等。

（四）运动蛋白尿

（1）一般处理

发现有蛋白尿时，首先要查明原因。若运动量过大所致，要及时调整运动计划，减轻运动强度和运动量，同时，加强医务监督。若运动后出现大量蛋白尿，则应排除器质性疾病或适应能力差的可能，严格观察。

（2）针灸治疗

取穴位肩髃、三阴交、大椎、委中、臀喻、合谷、曲池、血海、内关、阴陵泉、太冲、曲泽、足三里、肾俞等穴，针刺得气后，留针大约 15 分钟。

跑动，如果碰倒障碍物可以继续跑动，但是要在计时的时候加时。

参 考 文 献

[1] 毕仲春. 篮球〔M〕. 北京：北京体育大学出版社，2016.

[2] 胡英清，余一兵，吴涛. 现代篮球运动科学训练探索〔M〕. 北京：中国书籍出版社，2016.

[3] 刘青松. 高校篮球运动教程〔M〕. 北京：中国水利水电出版社，2015.

[4] 贾志强，贺金梅. 篮球基本技术课堂〔M〕. 北京：北京体育大学出版社，2015.

[5] 程培明. 高校篮球教学改革影响因素及发展趋势〔J〕. 体育科技文献通报，2016（1）.

[6] 陈永华. 浅谈篮球教学心得〔J〕. 学生之友，2011（7）.

[7] 叶巍. 对篮球意识问题的探讨〔J〕. 安徽师范大学学报（自然科学版），2012（6）.

[8] 文道金. 新课程理念下体育教师观念的变革〔J〕. 科技信息（科学教研），2008（22）.

[9] 鲍伟. 我校"课内外一体化"篮球俱乐部教学模式的构建与应用研究〔D〕. 哈尔滨工程大学，2010.

[10] 全国体育院校教材委员会. 篮球运动高级教程〔M〕. 北京：人民体育出版社，2000.

[11] 史国生，邹国忠. 体育竞赛组织与管理〔M〕. 南京：南京师范大学出版社，2008.

[12] 张培峰，王小安. 现代篮球运动〔M〕. 北京：人民体育出版社，2011.

[13] 高治. 现代篮球技战术实践与创新〔M〕. 北京：中国书籍出版社，2014.

[14] 全国体育院校教材委员会. 运动训练学（第2版）〔M〕. 北京：人民体育出版社，2000.

[15] 孙民治. 现代篮球运动教学与训练〔M〕. 北京：人民体育出版社，2003.

［16］王宝成等：《竞技体育力量训练指导》，北京：人民体育出版社，2001.

［17］杨铁黎，季克异，肖彤岭．体育教学指导［M］．北京：高等教育出版社，2011.

［18］杨铁黎．职业篮球市场论［M］．北京：北京体育大学出版社，2003.

［19］白喜林．中国竞技篮球发展战略研究［D］．北京体育大学，2003.

［20］张勇．现代篮球战术体系的系统研究［D］．北京体育大学，2005.

［21］王建国．我国篮球运动员腰损伤诱因与对策研究［J］．山东体育学院学报，2001（2）.

［22］李峰．专项运动员半月板损伤的生理学及生物力学分析与预防对策［J］．福建体育科技，2008（4）.

［23］王策三．教学论稿［M］．北京：人民教育出版社，2005.

［24］高松山．我国高校篮球教材建设现状分析与重构设想［J］．首都体育学院学报，2009，21（3）.

［25］纪音．"结构—定向"教学模式在篮球普修课教学中的应用研究［J］．山东师范大学硕士论文，2005（04）.

［26］陈鑫．论"结构—定向"教学模式在篮球课程教学中的运用［J］．科技资讯，2007（04）.

［27］苏新荣，甘荔桔，李刚．在高校篮球教学中提高练习游戏水平的研究［J］．沈阳体育学院报，2005（5）.

［28］徐大宁，汪波．普通高校篮球课教学的现状调查与分析［J］．辽宁体育科技，2010（3）.

［29］傅企明，刘秀芬．篮球普修课以教学生打球为主的教学实验研究［J］．上海体育学院学报．2002（4）.

［30］王少聪．新课标背景下济南市重点高中篮球教学开展现状的调查研究［D］．济南：山东师范大学，2013.

［31］毕仲春．篮球技术的理论研究［J］．北京体育大学学报，2004（8）.

［32］刘玉林．现代篮球运动研究［M］．北京：人民体育出版社，2006.

［33］陈京生．奥运会中国篮球防守技术研究［J］．北京体育大学学报，2012（9）.

［34］黄滨，翁荔．篮球运动［M］．杭州：浙江大学出版社，2014.

［35］张秀波．体育教学中实施多维教育相融合的策略研究［J］．沈阳体育学院学报，2010（3）.

［36］高学涛．浅析提高高校篮球课程教学质量的策略［J］．科技信息，2011（23）．

［37］罗升凡．篮球教学中考核评价的应用探讨［J］．新课程研究（下旬刊），2014（6）．

［38］马咏梅．分层次教学改革探讨［J］．巢湖学院学报，2012（3）．

［39］靳厚忠，范宏伟，刘晚玲，阎捷，马越．高校篮球课程教学改革思考［J］．体育学刊，2010（8）．